KB074236

질문하는
영화들

질문하는
영화들

〈기생충〉에서 〈어벤져스〉까지
우리가 열광한 영화 깊이 읽기

라제기
지음

북트리거

들어가며

***

기억 속에서 오래 잊히지 않는 영화가 있나요? 저는 초등학교 3학년 무렵 TV에서 본 이탈리아 영화에 대한 기억이 아직까지 강렬합니다. 1954년 만들어진 페데리코 펠리니^{Federico Fellini} 감독의 〈길〉이라는 작품입니다.

가난한 집안의 장녀 젤소미나(줄리에타 마시나^{Giulietta Masina})가 주인공입니다. 젤소미나의 부모는 가난을 조금이라도 덜기 위해 젤소미나를 잠파노(앤서니 퀸^{Anthony Quinn})라는 곡예사에게 돈을 받고 넘겨요. 그때부터 젤소미나는 잠파노의 일을 거들며 이탈리아 소도시의 장터를 떠돌게 된답니다. 잠파노는 조금은 모자란 젤소미나를 착취해 최대한 많은 돈을 벌려고 하면서도, 순정한 젤소미나에게 연정을 느끼기도 합니다. 하지만 포악한 그를 젤소미나가 좋아할 리 없지요. 그러던 어느 날, 잠파노는 자신과 라이벌인 젊은 곡예사를 죽이게 됩니다. 젤소미나는 이 광경을 지켜보고, 겁이 난 잠파노는 젤소미나를 마을에 몰래 버리고 떠나 버리지요. 몇 년 후 마을을 찾은 잠파노는 젤소미나가 죽었다는 사실을 알고서 회한의 눈물을 흘립니다.

영화를 보다 보면 가련한 젤소미나에게 연민을 느끼게 되고, 악당 같은 잠파노가 회개하는 장면에서 인간애를 생각하게 되기도 합니다. 여러 감정을 빚어내는 영화인데, 저는 젤소미나와 잠파노의 여정을 통해 드러나는 1950년대 이탈리아 곳곳의 모습이 참 인상적이었습니다. 화면에 비춰진 이탈리아가 생각과 달리 가난한 국가였거든요. 특히 집에 돈이 없어 자녀를 장돌뱅이 곡예사에게 넘기는 부모의 모습은 충격적이었습니다. 유럽은 선진국들이 모여 있는 곳이라는 환상을 깨기 충분했지요.

1950년대 이탈리아는 그럴 만도 했습니다. 이탈리아는 제2차 세계대전 패전국입니다. 세계를 뒤흔든 전쟁의 한복판에 서 있던 데다 패전까지 했으니, 전쟁이 끝난 지 10년 가까이 됐어도 전흔이 여전히 남아 있을 만도 했지요. 〈길〉은 저에게는 1950년대 이탈리아의 현실을 보여 준 작품으로 마음에 남았습니다. 어린 소년의 눈에 영화는 단순한 오락물이 아닌, 세상의 모습을 전해 주는 특별한 이야기라는 생각이 어렴풋이 들기도 했던 것 같습니다.

대학생이 되고 영화에 대한 책을 읽다가 〈길〉을 둘러싼 사회적 맥락을 뒤늦게 알게 됐습니다. 패전 후 이탈리아의 참상을 담은 영화들이 1940년대 후반 많이 만들어졌다는 것을요. 사람들의 비참한 일상과 전쟁의 상처를 담기 위해 감독들은 최대한 사실적으로 영화를 만들었다고 합니다. 비전문 배우를 기용하고, 편집을 자제하는 등 여러 리얼리즘 기법을 활용했지요. 이런 영화들이 잇달아 등장하며 하나의 사조를 이루는데, 영화학자들은 이를 '네오리얼리즘(neorealism)'이라고 지칭합니다. 〈길〉은 네오리얼리즘의 영향을 받은 영화였습니다. 네오리얼리즘 영화들을 통해 이탈리아의 현실이 세상에 알려졌고, 많은 사람들이 이탈리아인의 고통에 가슴 아파했습니다. 전범국 이탈리아에 대한 부정적인 인식 개선에 영화가 적지 않게 도움을 줬지요. 현실이 영화에 영향을 미치고, 다시 영화가 현실에 영향을 준 예입니다.

✻✻✻

여러분은 1년에 몇 번쯤 극장에 가나요? 영화진흥위원회 산업통계를 바탕으로 했을 때 2018년 기준 우리나라 1인당 영화 관람 횟수는 4.2회라고 합니다. 딱히 영화광이 아니라면 여러분도 대략 세 달에 한 번 꼴로 극장을 찾을 겁니다. 주문형비디오(VOD) 관람까지 포함하면 1년에 보는 영화는 더 많겠지요. 대부분 가족이나 친구들과 팝콘, 음료수 등을 먹으며 즐겁게 영화를 볼 겁니다.

영화를 보며 우리는 위안을 얻기도 하고, 쾌감을 느끼거나 공포를 체감하기도 합니다. 슬퍼하거나 분노를 터트릴 수도 있고요. 영화는 탄생 때부터 대중을 깜짝 놀라게 하는 재주를 부렸습니다. 프랑스의 오귀스트 뤼미에르^{Auguste Lumière}·루이 뤼미에르^{Louis Lumière} 형제가 1895년 영화를 발명한 후 최초로 만든 대중적인 영화는 〈기차의 도착〉이었습니다. 플랫폼으로 기차가 들어오는 모습을 담은 3분짜리 영상이었는데, 처음 이 영화를 보고 혼비백산한 관객이 적지 않았다고 합니다. 실물과 비슷한 기차가 스크린을 뚫고 객석으로 향하는 듯한 착각을 줬기 때문입니다. 영화의 기본적인 속성인 사실성이 만들어 낸 해프닝입니다.

영화는 영상이 지닌 사실성에 이야기를 더하며 강력한 매체가 됐습니다. 영화가 기반으로 하고 있는 영상은 문자 매체보다 파급 효과가 크다는 점에서, 비슷한 서사 구조를 가진 소설이나 연극보다 더 강한 대중성을 지녔지요. 극단적인 실험영화를 제외하면, 영화는 관객과의 소통에 공을 많이 들입니다. 사람들이 영화에 대해 더 많이 공감할 수 있도록 촬영하고 세트를 현실감 있게 만들어 냅니다. 진귀한 볼거리로 관객들을 영화에 몰입하게 하기도 하고요.

영화의 대중성은 영화의 제작 환경과 큰 연관이 있습니다. 지금이야 스마트폰으로도 영화를 만드는 시대라고 하지만, 일반적인 장편영화 제작에는 대자본이 필요합니다. 큰돈이 들어가고 많은 사람들이 협업해 만들다 보니, 자본 회수를 위한 노력을 게을리할 수 없지요. 특히 상업 영화는 돈을 버는 게 가장 큰 목적이기에, 대중의 마음을 살 수 있는 방법을 찾기 위해 최선을 다합니다.

대중의 마음을 사기 위해 필요한 가장 기본적인 요소는 무엇일까요? 공감대 형성입니다. 공감대를 만들기 위해선 정치적이든 사회적이든 역사적이든 관객들의 관심도가 높고, 현실과 맞닿아 있는 소재를 찾아 그들이 몰랐던(또는 볼 수 없었던) 이야기를 그럴 듯하게 구성해 보여 주는 게 가장 중요합니다.

상상력을 바탕으로 한 SF 영화라고 해도 현실과 무관할 수 없습니다. 머나먼 미래 우주를 배경으로 한 이야기라 할지라도 지금, 이곳에 사는 관객들의 현실과 관련 있는 소재가 다뤄지기 마련입니다. 여러분이 좋아하는 마블의 영화들을 봐도 영화사들이 얼마나 현실을 감안해 영화를 만드는지 알 수 있습니다. 최근 마블은 인종과 성별 다양성을 내세운 작품을 내놓고 있습니다. 〈블랙 팬서〉는 아프리카를 배경으로 흑인 슈퍼히어로의 활약을 그리는가 하면, 〈캡틴 마블〉은 주체적인 여성 캐릭터가 주인공입니다. 인종 차별과 남녀 불평등에 예전보다 민감해진 대다수 관객을 고려해 영화를 만들고 있는 것이지요. 영화사나 감독이 의도했든 안 했든 영화는 정치적·사회적 맥락을 품고 있기 마련입니다. 그리고 영화 속에 감춰진 의미를 찾는 것은 바로 관객의 몫입니다.

✳✳✳

푹신한 소파에 파묻혀 달콤한 팝콘과 콜라를 먹으며, 기분 전환용으로 혹은 머리를 식히기 위해 영화를 보는 사람도 많습니다. 하지만 그렇게 한 편의 영화를 떠나 보내기에는 어쩐지 아쉽기도 합니다. 진지하게 보겠다고 작정한다면 의외로 많은 의미를 발견할 수 있는 매체가 영화이기 때문입니다.

어떤 방식으로 관람할 것인지를 결정하는 것은 전적으로 관객의 마음입니다. 『질문하는 영화들』에서는 '진지한' 쪽의 방식을 택했습니다. 스쳐 지나가는 대사들을 곱씹고, 스크린에 투영된 사회적 배경을 되짚으며 한 편의 영화가 품고 있는 의미를 살피려 했지요. 영화를 통해 자본주의, 근현대사, 국가, 전쟁과 평화와 같은 묵직한 문제를 살펴보는가 하면, 최근 대중문화의 중요한 이슈로 떠오른 페미니즘, 자연과 인간의 관계를 깊숙이 들여다보기도 했습니다. 여러분의 삶 대부분이라 할 가족의 의미도 고찰해 보았고요. 25편의 영화를 돋보기 삼아 세계를 깊숙이 들여다본 셈입니다.

극장을 나선 후 여러 사람과 대화를 많이 나누게 될수록 좋은 영화라고 생각합니다. 좋은 영화는 여러분들에게 끊임없이 질문을 던지며 세상사를 되씹게 하고 생각의 크기를 키워 줍니다. 영화를 바라보는 시선은 각기 다를 수 밖에 없습니다. 이 책에 담긴 글이 자극이 되어 좋아하는 영화를 자신만의 관점으로 차분히 감상해 보았으면 합니다. 영화가 던지는 질문에 궁극적으로 답할 수 있는 사람은 여러분입니다.

차례

4   들어가며

#1 풍요와 빈곤, 자본주의의 두 얼굴에 대한 심층 보고

15   인간의 탐욕, 그 끝은 어디일까 리미트리스
25   부자와 빈자, 공생은 가능한가 기생충
35   직장이라는 이름의 잔혹한 전쟁터 오피스
44   가난은 왜 죄가 되었을까 나, 다니엘 블레이크

#2 스크린 속 근현대사, 역사를 증언하다

55   친일과 항일, 역사 속 제자리 찾기 암살
64   1980년 광주에서는 무슨 일이 일어났을까 택시 운전사
73   역사가 말하지 않는 '그녀'들의 이야기 허스토리

#3 전쟁과 평화에 관한 짜릿한 사고실험

85   세계 평화를 지키는 인공지능이 개발된다면 어벤져스: 에이지오브울트론
94   평화를 부정하는 악은 어떻게 극복되는가 스타워즈: 깨어난 포스
103   21세기 유망 산업, 전쟁 비즈니스의 일그러진 초상 PMC: 더 벙커
112   외계 생명체, 그들은 왜 지구에 왔을까 컨택트

#4 위대한 국가의 자격을 묻다

123   광기의 시대, 애국이란 무엇인가 스파이 브릿지
132   국민 없는 나라를 상상할 수 있을까 토르: 라그나로크
142   대형 참사, 국가는 어떻게 대처해야 할까 설리: 허드슨강의 기적

#5 자연은, 그리고 동물은 인간에게 어떤 존재인가

155   인간과 자연은 공존할 수 있을까 정글북
165   동물도 행복할 권리가 있을까 옥자
175   멸종된 공룡의 부활, 생명의 가치를 묻다 쥬라기 월드: 폴른 킹덤

#6 페미니즘을 말하다

187   여성에게 자전거 타기를 허하라! 와즈다
196   그녀는 왜 얼굴 없는 화가로 살아야 했을까 빅 아이즈
205   무자비한 세상에 여성 전사들은 어떻게 맞설까 매드 맥스: 분노의 도로
214   나는 여중생, 미혼모입니다 굿바이 싱글

#7 바람 잘 날 없는 가족 이야기

227   아버지와 아들의 비극적인 가족사 사도
236   핏줄이 아니어도 괜찮을까 어느 가족
245   아버지, 두 딸을 링 위에 올리다 당갈
254   40년의 침묵을 깬 뜨거운 형제애 램스

풍요와 빈곤,
자본주의의 두 얼굴에 대한
심층 보고

인간의 탐욕,
그 끝은 어디일까

리미트리스, 2011

감독_닐 버거
출연_브래들리 쿠퍼(에디 모라 역) / 로버트 드 니로(칼 밴 룬 역)
애비 코니쉬(린디 역)

나는 욕망한다

우리는 언제나 무언가를 욕망하지요. 좀 더 나은 음식, 좋은 옷, 안락한 집, 남보다 나은 성과, 지금보다 괜찮은 직장 등등. 욕망은 항상 지금보다, 혹은 남보다 더 나은 상황을 향합니다. 욕망이 충족되면 즐겁고 행복하지만 좌절되면 고통이 따르니, 욕망에는 양보가 없습니다. 그래서 욕망은 갈등의 근원입니다. 개인의 이기적인 욕망이 맞부딪혀 다툼이 불거지는가 하면, 어느 한 집단의 탐욕이 사회적인 반목과 갈등을 낳기도 하지요.

하지만 욕망이 있었기에 인류 문명도 전진해 왔습니다. 남들과 똑같은 대우를 받고 싶다는 욕구는 오랜 투쟁 끝에 민주주의를 이끌어 냈고, 공정한 경쟁을 통해 합당한 보상을 받고 싶은 바람은 법과 같은 합리적인 사회제도를 만들어 냈습니다. 인간의 욕망은 어두움과 밝음, 두 가지 측면을 지니고 있죠.

〈리미트리스〉는 인간의 욕망을 소재로 한 스릴러 영화입니다. 한 사내의 깜짝 성공과 그칠 줄 모르는 욕망을 통해 자본주의사회를 에둘러 비판하지요. 또 단순한 욕망을 넘어선 탐욕이 이 시대에 어떤 해악을 끼칠 수 있는지 경고하고, 탐욕이 지배하는 자본주의사회의 끝은 어떨지 질문을 던집니다. 영화를 보고 나면 왜 제목이 '한계가 없는'이란 의미를 지닌 '리미트리스(Limitless)'인지 알게 될 것입니다.

무한 경쟁 시대, 마약과 같은 탐욕

〈리미트리스〉의 주인공 에디는 참 별 볼 일 없는 인간입니다. 아직 책 한 권도 쓰지 못한 무명작가죠. 겨우 출판사와 계약을 하긴 했지만 마감 날짜가 코앞에 닥칠 때까지 한 글자도 못 쓰고 허송세월만 보내고 있습니다. 행색은 노숙자와 별반 다를 것 없고 앞날은 어둡기만 하니, 잡지 편집장이 된 여자 친구에게 차여도 그리 억울해 보이진 않습니다.

삶의 출구를 못 찾아 전전긍긍하던 에디에게 생각지도 못했던 인생의 반전이 시작됩니다. 길거리에서 우연히 만난 전처의 남동생이 두뇌를 100% 쓸 수 있게 해 준다며 NZT라는 알약 하나를 건넬 때부터입니다. 아직은 실험 단계라는 말이 찜찜하지만 삶의 밑바닥에 다다른 에디는 될 대로 되라는 심정으로 약을 복용합니다. 그리고 놀라운 일이 벌어지죠. 상상할 수 없을 만큼 두뇌 회전이 빨라집니다. 전혀 진전이 없던 책을 하룻밤 사이에 뚝딱 써 내는가 하면, 난생처음 접한 외국어를 듣기만 해도 완벽히 습득할 정도로 놀라운 능력을 발휘하게 되지요. 그뿐이 아닙니다. 스치듯 보았던 과거의 문서나 책의 내용도 에디의 눈앞에 생생하게 되살아납니다.

하지만 약발이 떨어지면 예전의 상태로 돌아가, 무기력하고 별 볼 일 없는 현실이 다시 이어집니다. 세상 모든 것을 할 수 있을 것 같던 그 짜릿함을 잊을 수 없는 에디는 약을 찾아 헤맵니다. 우여곡절 끝에 신비의 알약을 다량 확보한 그는 약에 의지해 모든 사람들이 부러워하는 지적 능력을 계속 발휘하지요.

에디는 약을 복용하면서부터 마약과도 같은 욕망의 늪에서 헤어 나오지 못합니다. 욕망의 종착지는 밑도 끝도 없는 성공! 근사한 책 한 권 써 보는 게 소원이었던 에디는 약에 의존해 책을 펴 내고 나자, 출판엔 바로 흥미를 잃습니다. 제아무리 책으로 성공해 봤자 푼돈을 쥐는 것에 불과하다는 이유에서죠. 그러다 주식에 눈을 뜨게 됩니다. 약의 힘을 빌려 그 누구도 따라잡기 힘든 분석 능력으로 높은 수익률을 기록하고, 돈방석에 앉는 날들이 이어집니다.

약의 후유증이 서서히 나타나고 에디도 약의 심각한 위험성을 깨닫게 되지만, 그의 욕심은 그칠 줄 모릅니다. 벼랑 끝이 가까웠음을 알면서도 질주하는 자동차의 브레이크를 밟지 못하는 상황이라고 할까요. 큰 노력을 들이지 않고도 손쉽게 부와 명예를 손에 쥘 수 있으니, 탐욕의 굴레에서 빠져나오는 것은 여간해서 쉬운 일이 아니겠지요.

에디뿐만이 아닙니다. 영화 속 등장인물 대부분은 욕망을 주체하지 못합니다. 주식 투자를 위해 종잣돈이 필요했던 에디에게 돈을 빌려 준 사채업자도 끝 모를 탐욕을 드러냅니다. 에디에게 기업 합병 업무를 맡긴 금융계의 거물 칼 밴 룬도 다를 바 없습니다. 그는 죽을 때까지 쓰고도 남을 어마어마한 돈을 지니고서도 그 이상의 부를 꿈꿉니다.

에디는 신비의 알약 NZT를 복용하는 사람이 자기뿐만이 아니라는 사실을 알게 됩니다. NZT 복용자들은 승승장구하는 삶에 취해 약의 위험성을 알면서도 계속 약을 찾다가, 결국 부작용을 견디지 못해 폐인이 되거나 죽음에 이르게 되었습니다. 아무리 부작용이 무시무시하더라도 약의 놀라운 효능이 목숨을 담보할 만큼 가치 있다고 여겨 끊을 수 없었던 것입니다.

사실 욕망은 자본주의사회의 중요한 동력입니다. 사회가 사람들의 탐욕과 욕망을 어떻게 해서든 부풀려야 자본주의 체제가 탈 없

이 굴러가기 때문입니다. 대다수 사람들이 검소하고 절제된 생활을 한다면, 아마 공장에는 재고가 넘쳐 나고 경제는 제자리에 멈춰 서겠지요. 그래서 자본주의사회는 사람들에게 살아남기를 원한다면 끊임없이 앞으로 나아가라고 부추깁니다. 그렇게 하지 않으면 해고와 파산, 가난이 기다리고 있다는 은근한 협박도 해 가면서요.

처음에 에디는 출세욕에 불타 약을 마다하지 않았는데, 나중에는 결국 살아남으려 약을 복용합니다. 숨통을 죄어 오는 사채업자의 횡포에서 벗어나기 위해, 합병을 성공시켜 자신의 지위를 뺏기지 않기 위해 약을 입안에 털어 넣지요. 나락으로 떨어지지 않기 위해서는 부당하거나 위험한 일이라도 서슴지 않고 해야 한다는 것. 이것이 자본주의가 만들어 낸 무한 경쟁 사회의 생존 법칙이라고, 영화는 시종일관 냉혹하게 보여 줍니다.

탐욕의 종착지가 된 금융시장

에디가 주식 투자로 벼락부자가 된 뒤 금융계로 진출하게 되는 과정은 의미하는 바가 큽니다. 특별한 재주도 없는 에디가 약에 의지한 뒤, 빠져나오지 못하게 되는 곳은 탐욕이 독버섯처럼 피어오르는 금융권입니다. 평범한 사람들에게 금융시장이 안겨 주는 일확천금의 꿈은 그만큼 매혹적입니다.

현재 인류를 지배하고 있는 자본주의는 인간의 욕망을 합리적으로 반영하려는 과정에서 정착된 경제체제입니다. 자본주의사회의 중심인 시장에서 수요와 공급이 균형을 이뤄 가는 과정은 인간 욕망의 흐름과도 무관치 않습니다. 수요 측면에서 보면, 사람들은 여러 가지 상품을 욕망하게 마련이지요. 공급 측면에서 보면, 기업가들은 사람들이 많이 원하는 것을 재빨리 상품으로 내놓아 많은 수익을 얻으려 하고요. 이렇게 수요와 공급이 서로 줄타기를 하다가 맞아떨어지는 순간 가격이 결정되고 상품이 팔립니다. 무언가를 가지고 싶은 욕망과 돈을 벌고 싶은 욕망이 맞닥뜨려 시장을 만들어 내는 것이지요.

그런데 시장이라고 해서 다 같은 시장이 아닙니다. 현대 자본주의의 꽃은 역시 증권시장(증시)이라고 하지요. 그만큼 증권시장이 경제에서 차지하는 비중이 크다는 말입니다. 건실하게 성장한 기업은 증시에 주식을 공개하고 이를 팔아 얻은 돈으로 기업을 더욱 키웁니다. 증시가 제대로 작동한다는 것은 자본주의가 건전하게 돌아간다는 것을 의미합니다.

하지만 최근 자본주의 시스템이 고장 났다는 평가가 늘고 있습니다. 위기의 뿌리는 증시를 비롯한 금융시장입니다. 전 세계 경제를 뒤흔든 2008년 금융 위기에 대해 들어 봤을 것입니다. 월스트리트 종사자들이 투자의 위험성을 알고도 자신들의 수익률과 연봉, 보너스에 눈이 멀어 위험한 투자를 계속 감행하다 금융시장에 혼란이 와 벌어진 일이지요.

칼 밴 룬과 손잡고 합병을 추진해 끊임없는 수익을 외치는 에디의 모습은 시장의 건전성은 아랑곳하지 않고 막무가내로 내달리는 금융시장의 맨 얼굴입니다. 과거에 소심했던 에디는 확실히 달라졌습니다. 약의 부작용으로 살인까지 저지르지만, 합병 대상인 앳우드사(社)의 도움을 받아 감옥행을 면하지요. 그런데 알고 보니 앳우드사의 대표도 에디와 마찬가지로 약의 힘으로 벼락출세를 한 인물이었습니다. 부적절하게 성공의 고속도로를 타게 된 두 사람이 자신들의 더 큰 탐욕을 채우려 하다 금융시장에서 마주한 꼴이지요. 부도덕한 두 인물의 만남을 통해 영화는 '자본주의사회에서 탐욕의 종착지는 금융시장'이라는 문제 제기를 합니다.

최근 들어 자본주의가 한계에 다다랐다고 주장하는 경제 전문가들이 늘고 있습니다. 사람들의 욕망을 합리적으로 조절하며 인류의 발전을 주도해 왔던 장점은 간데없고, 그 폐해가 심각한 수준으로 커진 탓입니다. 탐욕을 자제할 수 없는 사람들, 오직 더 큰 부에만 눈이 먼 사람들이 자본주의의 위기를 앞당겼다는 분석이 뒤따릅니다. 〈리미트리스〉를 보면 자본주의가 맞닥뜨린 위기의 실체를 체감할 수 있습니다.

탐욕이 지배하는 세상은 어떨까

영화를 보면 과연 인간의 욕망은 어디까지일까 하는 의문이 듭니다. 부를 손에 쥔 에디는 정계에까지 입문합니다. 상원 의원에 도전하는 그는 대통령도 마음에 두고 있는 것으로 묘사되지요. 에디

가 정치인이 되는 모습은 그의 탐욕이 보다 공적인 영역으로 옮겨
왔음을 상징합니다. 약의 힘을 빌려 주식 투자와 기업합병에 관여
하며 엄청난 부자가 된 그가 정치인이 된다면 세상에 미치는 파급
력은 더욱 클 것입니다.

하지만 에디는 정치인으로서 갖춰야 할 여러 덕목 중 가장 중요
한 요소인 도덕성이 부족합니다. 빠른 두뇌 회전만으로는 국가를
올바르게 이끌어 갈 수 없습니다. 약에 기대 놀라운 지적 능력을 보
여 줄지 모르지만 정치에는 경륜이 필요합니다. 사회를 바람직한
방향으로 이끌겠다는 의지도 강해야 합니다. 하지만 에디는 그 어
느 것도 갖추고 있지 않습니다. 그런 그가 사회의 주요 정책을 결정
하는 자리에 오르게 된다면 그 결과는 너무 끔찍하지 않을까요. 자
신의 출세를 위한 선심성 정책을 쏟아낼 것이고, 정계에서 살아남
기 위해 부도덕한 일이라도 서슴지 않을 것입니다.

에디처럼 탐욕스럽기 그지없는 칼 밴 룬은 이런 말을 합니다. "산
전수전 다 겪고 이 자리에 올라온 나와 직접 싸우게 되면 아마 이
길 수 없을 것"이라고요. 그러나 에디는 약의 부작용을 없애는 한편,
효능을 더 발전시켜 초능력에 가까운 예지능력까지 갖추게 됩니다.
제아무리 경험 많은 사람도 그를 무너뜨리긴 쉽지 않은 상태까지
온 것입니다. 이제 그의 존재를 위협할 만한 대상은 그가 복용하는
약보다 더 강력한 약을 지닌 사람이겠지요.

영화의 마지막 장면에서 에디는 여자 친구 린디와 중국 식당에

가서 유창한 중국어로 뻐기는 듯 식사를 주문합니다. 린디가 '이젠 제발 좀 그만하라'는 눈빛으로 바라보자 에디는 이렇게 말합니다. "뭐가 문제인데?" 고속 출세한 자신의 비밀에 대해 아무런 죄책감도 느끼지 않는 것입니다. 영화는 그렇게 탐욕스러운 에디가 이 세상을 지배하게 될 때 어떤 일이 벌어질지에 대해서는 물음표를 남깁니다. 또 에디의 탐욕이 끝없이 이어질 것임을 암시하기도 합니다. 그가 만들어 갈 세상은 과연 어떤 모습일까요.

부자와 빈자,
공생은 가능한가

기생충, 2019

감독_봉준호

출연_송강호(기택 역) / 최우식(기우 역) / 박소담(기정 역)

이정은(문광 역) / 장혜진(충숙 역) / 이선균('박 사장' 동익 역) / 조여정(연교 역)

격차가 만든 씁쓸한 풍경

서울 구도심에는 쪽방촌이 몇 군데 있습니다. 종로와 동대문, 영등포 인근에 형성된 쪽방촌이 대표적이죠. 이곳들은 3.3m²(1평) 남짓한 작은 쪽방이 다닥다닥 붙어 있는 동네입니다. 골목에 빼곡하게 들어선 쪽방은 몸 하나 간신히 누일 수 있을 정도로 좁은 크기에 냉난방도 제대로 되지 않는, 매우 열악한 주거 시설입니다. 월세는 20만 원 안팎으로 고시원이나 옥탑방보다는 저렴한데, 이곳에서마저 밀려나면 노숙인으로 전락하기 십상이지요. 주거 시설로는 최악이라 할 이곳의 실제 주인들은 누구일까요?

얼마 전 한 일간지가 심층 취재한 결과, 쪽방의 실소유주는 대부분 서울 강남 타워팰리스 거주자라고 합니다.● 대대로 쪽방촌 일대의 건물과 토지를 물려받았거나, 쪽방촌이 주로 재개발 지역에 위치해 있다는 점에서 투자 목적으로 사들인 것이지요. 먹고사는 데 아무 걱정 없는 이들이 한 달 거주비 20만 원도 힘들어하는 극빈층으로부터 월세를 받아 수익을 얻는 구조인 셈입니다.

야박하다 할 수는 있지만 이들을 콕 집어 비난할 수는 없습니다. 누군가가 가난하면 누군가는 부자인 체제, 아니 누군가가 가난해야만 다른 누군가가 부자가 될 수 있는 경제구조가 자본주의이니까요. 하지만 좀처럼 씁쓸함을 지울 수 없습니다. 자본주의의 속성 중 하나가 빈부 격차라고는 하지만, 지나친 소득 불평등은 인권 문제로 이어지기 때문입니다.

자본주의사회에서 능력과 노력에 따라 차이는 생길 수 있습니다. 하지만 인권이라는 관점에서 접근했을 때, 가난하다고 해서 최저 생활조차 보장받지 못하고 생존의 위협을 받아야 한다면 불합리한 사회이지요. 아무리 가난한 사람일지라도 비참한 의식주 생활을 벗어날 수 있도록 노력하는 것이 사회와 국가의 의무입니다. 쪽방

● 《한국일보》 '지옥고 아래 쪽방' 시리즈(2019년) 참고

촌 주인 대부분이 부유하다는 기사가 나왔을 때 주거비 지원 등 국가의 역할이 크다는 지적이 나온 것도 같은 이유에서죠.

영화 〈기생충〉은 매우 많이 가진 가족과 가진 게 별로 없는 가족, 거의 갖지 못한 가족이 서로 만나면서 벌어지는 일들을 다룹니다. 세 가족의 대비는 자본주의사회의 격차를 극적으로 보여 줍니다. 일자리는 줄어드는데, 부자는 더 많은 돈을 벌고 가난한 자는 더욱 가난해지는 우리 사회의 축소판 같지요.

기생할 수밖에 없는 사람들

기택네 가족은 모두 백수입니다. 아들 기우, 딸 기정, 아내 충숙 모두 학교를 다니지도, 직장으로 출근하지도 않습니다. 이들은 집에서 인터넷조차 사용하지 못할 만큼 가난합니다. 피자 박스 접기 같은 각종 소일거리로 생계를 이어 가던 이들에게 어느 날 큰 변화가 찾아옵니다.

교환학생으로 미국에 가 있는 동안 자기 대신 과외를 맡아 달라는 명문대생 친구의 부탁으로 기우는 글로벌 IT 기업 CEO 박 사장 집에 과외 면접을 보러 가게 됩니다. 기우는 능수능란한 말재주로 박 사장네 딸의 과외 선생이 되고, 박 사장네 막내아들에게 미술 선생님이 필요하다는 것을 파악하고선 디자인 쪽에 일가견이 있는 동생 기정을 후배의 사촌 동생이라고 속여 소개합니다. 그리고 얼마 안 있어 박 사장의 운전기사를 몰아내고 기택이 운전대를 잡게 되고, 술수를 부려 쫓아낸 가정부 자리는 충숙이 차지하게 됩니다. 기택네 식구들 모두 서로 모르는 사이인 척하며 박 사장네 집에 한꺼번에 '위장 취업'을 하게 된 것입니다.

네 사람의 취업 과정은 비도덕적입니다. 기우는 명문대 학생으로 신분을 속입니다. 기정은 오빠 기우의 재학 증명서 위조를 돕고, 자신 역시 학력을 조작합니다. 전문 운전사로 일해 본 적 없는 기택도 수많은 기업 대표들의 차를 몰아 본 것으로 자신의 과거를 포장합니다. 박 사장네 가족은 똑똑해 보이지만, 실제로는 기택네 계략에 몽땅 속아 넘어갈 만큼 어수룩하기 그지없습니다. 글로벌 IT 기업을 이끌어 가는 유능한 박 사장도, 영어를 섞어 쓰며 지적 허영심을 과시하는 연교도, 기택네 사기극을 눈치채지 못하지요.

〈기생충〉에서는 기택네 취업 과정을 마치 순진한 박 사장네 집에 침투하듯 들어와 한자리씩 꿰차는 부도덕한 일처럼 그려 내는데, 어떻게 보면 이들 네 가족은 기생충들처럼 보이기도 합니다. 취업에 성공하자, 기택네는 박 사장네 집에 들러붙어 이들을 속이고 이용합니다. 박 사장네를 숙주로 삼은 기생이 시작된 것입니다.

기택네 가족이 기생에 성공하기까지, 이들은 박 사장네 집에서 성실하게 일하던 고용인들을 몰아내야 했습니다. 기택은 이전 운전사를 부당하게 밀어내고 자리를 차지했고, 충숙은 더 야비한 방식으로 이전 가정부 문광의 자리를 차지했습니다. 기택은 양심의 가책 때문에 밀려난 자들의 안위를 걱정하지만 기정은 우리 걱정이나

하라면서 기택을 타박합니다. 가난한 기택네는 박 사장네에게 기생하려고 같은 처지의 가난한 이들에게 칼끝을 겨눕니다. 정해진 일자리를 두고 벌이는 가난한 이들의 이전투구는 하층민의 절박한 생존 투쟁을 보여 줍니다. 아무리 열심히 노력해도 삶의 방편을 마련하기 힘든 상황에서, 가난한 이들의 기생은 일종의 삶의 양식이 된 것이지요.

빈자와 부자 사이의 넘지 못할 벽

〈기생충〉은 자본주의사회에서 돈에 의해 위계질서(계급)가 어떻게 만들어지는지 그려 냅니다. 영화에는 기택 가족과 박 사장 가족이 처한 극과 극의 상황을 보여 주는 요소들이 곳곳에 등장합니다. 대표적인 것이 집입니다. 기택네 집은 저지대에 위치한 반지하입니다. 좁은 집 안에서 창문 밖으로 취객이 전봇대에 노상 방뇨 하는 광경을 보는 것이 일상이지요. 박 사장네 집은 높은 곳에 위치한 부자 동네의 저택입니다. 큰 창문을 통해 푸른 잔디가 깔린 널따란 정원이 보이고, 유명 건축가가 지은 집 안은 어마어마하게 넓습니다.

먹는 음식에도 차이가 있습니다. 기택네는 돈을 좀 벌게 되자 기사식당을 찾아 뷔페를 먹습니다. 반찬 가짓수도 많고 푸짐한 상차림이지만, 일터에서 잠시 식사하러 온 초라한 행색의 사람들이 궁색함을 강조합니다. 반면에 박 사장네는 지하에 식품 저장고가 따로 있고, 냉장고에는 여러 음식과 과일이 넘쳐 납니다. 폭우 때문에 캠핑을 허탕 치고 돌아오는 길, 연교는 충숙에게 전화해서 한우 채 끝살을 두껍게 잘라 넣은 짜파구리(짜파게티와 너구리를 합쳐서 조리한 음식)를 만들어 놓으라고 합니다. 기택네도 쉽게 즐길 수 있는 인스턴트 라면 짜파구리에 비싼 소고기라니, 좀 기교하지요? 부자들은 단순해 보이는 라면을 먹어도 이렇게 자신들은 무언가 다르다는 것을 나타내고 싶어 합니다.

기택네와 박 사장네를 가장 명확히 가르는 지점은 자연재해입니다. 엄청난 폭우가 쏟아졌을 때 두 가족의 사정은 극과 극입니다. 박 사장 가족에게 폭우는 캠핑을 망쳐 버리는 성가신 날씨 정도에 그치지만, 기택 가족에게는 말 그대로 재난 그 자체입니다. 저지대로 엄청난 양의 물이 쏟아지고, 기택네 반지하는 물로 가득 찹니다.

이 장면은 매우 상징적입니다. 구약성경 속 노아의 방주 이야기에서 폭우는 (노아 일족을 제외한) 지구상의 전 인류를 죽음으로 몰고 간 엄청난 재앙으로 묘사됩니다. 자연재해의 막대한 피해는 공동체 구성원 모두의 삶을 철저히 파괴했고, 그 피해의 부담은 사회 전체가 나누어 졌지요. 하지만 자본주의사회에서 폭우는 가난한 이들에게는 재난이 될 수 있어도 부자에게는 그다지 큰 문제가 되지 않습니다. 오히려 비는 먼지를 씻겨 내 쾌청한 날씨를 안겨 준 고마운 존재이지요(폭우가 온 후 연교는 공기가 맑아졌다고 좋아합니다). 자본주의사회에서 재난의 피해 크기를 결정하는 것은 재난 그 자체가 아닌, 구성원의 사회적 계급임을 은유적으로 보여 주는 장면입니다.

한편 영화에서 '냄새'는 매우 중요한 키워드로 등장합니다. 박 사장은 기택네 구성원과 한자리에 있을 때면 어디선가 풍겨 오는 퀴퀴한 냄새를 매우 역겹게 생각합니다. 제아무리 수완 좋은 기택네도 반지하라는 생활공간에서 밴 냄새 앞에서는 어쩔 수 없습니다. 그럴듯한 연기로 박 사장 가족의 눈과 귀를 속일지언정 코는 속일 수가 없는 것이죠. 냄새라는 높은 벽 앞에서 기택 가족은 크게 좌절하고 분노합니다.

약자 대 약자의 싸움, 어떻게 극복할까

영화에는 기택네보다 더 불쌍한 가족이 등장합니다. 바로 박 사장네 전 가정부였던 문광네입니다. 기택 가족과 박 사장 가족 사이에서 벌어지는 이야기로 그칠 것 같던 영화는, 박 사장 가족이 캠핑을 떠나 집을 비운 사이 문광이 갑자기 찾아오면서 예상치 못한 방향으로 흘러갑니다. 기택 가족은 문광이 박 사장 가족 몰래 박 사장네 집 지하에 자신의 남편을 감춰 둔 것을 알게 됩니다. 그와 동시에 문광 역시 서로 남인 척하던 네 사람이 사실 한 가족이라는 비밀을 알게 되지요. 곧이어 생존을 위한 두 가족의 처절한 싸움이 벌어집니다.

여기서도 기택 가족이 사는 반지하와 문광의 남편이 거주하는 공간은 확연히 구별됩니다. 반지하보다 더 아래인 지하실에 사는 문광의 남편은 기택 가족의 반지하 생활과는 비교도 안 될 정도로 비참한 하류 인생입니다. 문광 내외는 기택 가족의 비밀을 빌미로 이들을 협박하며 지하에서 더 위로 올라가는 신분 상승을 꿈꿉니다. 이들의 신분 상승은 곧 기택 가족의 신분 하락, 즉 지하 생활로의 전락을 뜻합니다. 이것이 두 가족이 목숨을 걸고 치열한 싸움을 벌이는 이유입니다.

영화는 기택 가족과 문광 부부의 갈등을 통해 비슷한 처지의 사람들끼리 치고받는 자본주의사회의 비극적인 현실을 보여 줍니다. 빈부 격차가 심해지고, 계층 간 이동이 어려워질수록 약자와 약자의 싸움은 더 잦아집니다. 함께 연대해야 할 이들이 극한 상황에 처하면서 서로 이전투구를 벌이는 것입니다.

이 출구 없어 보이는 이야기를 통해 감독은 우리 사회에 어떤 메시지를 전하고 싶었던 것일까요? IT 기업 CEO인 박 사장의 회사 이름은 '어나더 브릭(Another Brick)'입니다. '또 다른 벽돌'이라는 의미지요. 그가 회사를 키워 부를 쌓으면 쌓을수록, 부자와 빈자를 가르는 벽 위에도 벽돌이 계속해서 쌓인다는 것을 말하고 싶었던 것은 아닐까요? 돈으로 벽돌을 쌓은 박 사장은 가난한 기택의 칼에 맞아 죽습니다. 탐욕에 젖은 자본주의의 최후를 암시하는 대목입니다.

현재 자본주의의 병폐는 신랄한 비판의 대상이 되고 있습니다. 부의 불평등, 노동 착취, 독점자본의 횡포 등 여러 문제가 곪아 터지며, 자본주의의 지속 가능성을 묻는 목소리가 높지요. 극심한 불평등이 자본주의 경제에 대한 신뢰를 무너뜨린 것입니다. 앞으로 이

같은 격차 문제를 해결하지 못하면 큰 분열과 분쟁이 불가피할 것입니다. 공생할 수 없는 사회에서, 숙주가 될 수 없는 이들은 처참한 기생을 이어 갈 수밖에 없기 때문입니다. 영화 〈기생충〉은 누군가에게 기생해야만 살 수 있는 이들의 아이러니한 생존 투쟁을 통해, 결국 모두가 '공생'하는 세상을 희망하고 있습니다.

직장이라는 이름의
잔혹한 전쟁터

오피스, 2014

감독_홍원찬

출연_고아성(이미례 역) / 박성웅(종훈 역)

배성우(김병국 역) / 김의성(김상규 역)

아마존닷컴의 지나친 성과주의

2015년 8월 미국 일간지《뉴욕타임스》의 기사 하나가 미국 안팎을 떠들썩하게 했습니다. 세계적 온라인 유통 회사인 아마존닷컴이 직원들에게 무자비한 생존경쟁을 유도한다는 보도였습니다. 아마존닷컴 직원들이 치열한 경쟁 속에서 극심한 업무 스트레스와 경쟁에 내몰리고 있다는 내용이었지요. 동료의 아이디어를 깎아내리는 것이 권장되는 조직 문화는 물론이고, 퇴근 후까지 상사가 업무 지시를 내리는 등의 사례도 있었습니다. 지나치게 경쟁적인 분위기를 견디지 못해 퇴사하는 직원들이 적지 않다고 《뉴욕타임스》는 보도했습니다.

세계적인 기업에서 일하는 인재들의 경쟁은 치열할 수밖에 없을 것입니다. 단지 높은 지위에 오르고 싶은 열망이나 금전적인 대우를 더 받고 싶다는 욕망만이 경쟁에 불을 붙이지는 않을 겁니다. 내가 최고라는, 인재들끼리의 자존심 싸움도 만만치 않게 작용하겠지요. 경영자는 직원들의 치열한 경쟁을 통해 회사의 이득을 극대화하고 회사를 성장시키려 합니다. 자본주의의 기본적인 작동 원리이지요.

아마존닷컴의 정글과도 같은 근무 환경을 둘러싼 논란은 진실 여부를 떠나 우리에게 중요한 질문을 던집니다. 과연 일은 우리 삶에 어떤 의미를 지니는 걸까요? 단지 생계유지의 수단일까요? 아니면 자아실현의 방편일까요?

아마 생계유지와 자아실현 둘 다 충족시켜 준다면 이상적인 직장일 것입니다. 하지만 치열한 경쟁 사회는 자아실현은커녕 생계유지마저도 힘겹게 만들고 있는지 모릅니다. 돈을 벌기 위해 일을 한다고 하지만, 일 때문에 목숨을 잃는 사람도 종종 있고요. 지나치게 일에 몰두하다 과로로 생을 마감하는 직장인 이야기를 들어 봤을 겁니다. 공포 영화 〈오피스〉는 이런 역설적인 상황을 소재로 삼아 직장의 의미는 무엇인지, 일의 가치는 무엇인지 묻습니다. 직장이

전쟁터 같은 장소가 되고, 사람들이 일에 모든 것을 바쳐야 하는 사회는 과연 정상적인지 반문하지요.

살기 위해 일하나, 죽기 위해 일하나

〈오피스〉는 제일F&B라는 식품 대기업을 배경으로 합니다. 굴지의 대기업에서 직원들에게 가하는 압박은 실로 엄청납니다. 실적이 좋지 않은 부하 직원이 주말에 제사가 있었다고 하자, 상사인 김상규 부장은 이렇게 윽박지릅니다. "조상 밥 챙길 시간 있으면 네 밥그릇이나 챙겨!" 주말엔 교회에 나가야 해서 영업이 힘들다는 다른 직원의 읍소에는 "교회를 하루 종일 다니냐."라는 타박에 잔소리까지 이어집니다. 영업 실적을 위해서는 대리점에서 '악어의 눈물'을 흘릴 줄도 알아야 하고, 집안 행사보다 일을 더 중요하게 생각해야 한다는 것이지요.

영화 속 각박하고 살벌한 모습은 한국 사회의 현실을 반영합니다. 혹시 영화 〈여고 괴담〉 시리즈를 알고 있나요? 1998년 첫선을 보인 〈여고 괴담〉은 입시 지옥으로 황폐화된 우리나라 고등학교의 암울한 현실을 보여 줍니다. 죽은 뒤에도 학교를 떠나지 못하는 여고생을 등장시켜 치열한 입시 경쟁에 멍든 학생의 모습을 묘사하고 있지요. 영화는 학교가 공포의 장소로 전락할 수밖에 없는 현실을 지적하면서 대중의 공감을 이끌어 냈습니다. 과열된 교육열과 학벌주의 사회를 묘사한 지옥도(地獄圖)에 사람들이 고개를 끄덕였던 것

이지요.

어떤 장소가 공포 영화의 배경이 됐다는 것은 그곳이 섬뜩한 두려움의 공간이라는 하나의 증표입니다. 1990년대까지만 해도 우리나라에서 직장을 끔찍한 경쟁의 장소로 묘사한 공포 영화는 없었습니다. 입시를 둘러싼 치열한 다툼만큼 회사 생활의 고통이 심하진 않았던 것이지요. 그런데 1997년 외환 위기를 거치며 취업 문이 좁아졌고, 2000년대 들어 '저성장' 국면이 길어지고 비정규직 문제가 심각해지면서, 직장은 목숨 걸며 구하고 지켜야 될 대상이 되었습니다. 회사가 사람들의 삶을 위협하는 공포의 대상이 된 것이지요. 이를 반영하듯 영화 〈오피스〉는 사무실이라는 공간을 배경으로 직장 생활 자체가 하나의 비극이자 공포라고 웅변하고 있습니다.

영화는 넋을 놓은 듯한 김병국 과장이 밤늦게 집에 도착해 가족들을 끔찍하게 살해하는 장면으로 시작합니다. 평범한 가장으로만 보였던 김병국 과장의 범행에 대해 직장 동료들은 어리둥절해합니다. 다만 김상규 부장과 김병국 과장 사이에 있었던 '비밀'을 알고 있는 몇몇만 경찰에게 사건의 전말을 들킬까 봐 전전긍긍하지요. 사건이 있기 전날, 김상규 부장은 김병국 과장에게 해고를 통보했던 터였습니다. 직장을 잃은 김병국 과장은 삶의 의지를 잃은 채 가족을 살해한 뒤 종적을 감췄습니다. 단란했던 가족이 가장의 실직으로 하루아침에 파괴된 것입니다. 하지만 회사 경영진은 눈 하나 깜짝하지 않고 회사에 미칠 악영향만 우려합니다. 영화는 잔인하고도 비정한 우리나라의 직장 문화를 꼬집습니다.

영화 속 홍지선 대리의 대사는 많은 것을 생각하게 합니다. 김상규 부장이 자신의 업무 처리를 두고 인신공격을 일삼자, 홍 대리는 쌓였던 불만을 한꺼번에 터트리며 이렇게 말합니다. "내가 죽으려고 일하는지 살려고 일하는지 모르겠어요!" 어디까지나 삶을 유지하는 수단이 되어야 할 직업이 목숨을 위협하는 수준이 되어 버린 상황이지요. 홍 대리는 회사를 그만두겠다며 사무실을 박차고 나가지만, 김 부장의 사과 문자를 받고 한밤중에 회사로 다시 돌아옵니다. 그토록 답답해했던 사무실로 발길을 돌리게 할 만큼, 일자리는 한 사람을 절박하게 만듭니다. 영화 속 회사원들에게 직업은 더 이상 생계유지와 자아실현의 목적을 달성하기 위한 수단이 아닙니다. 그것 자체로 지켜야 할 '삶의 목적'으로 변질되어 갑니다. 각박한 사무실 공간에서 직업이라는 수단은 점점 목적으로 뒤바뀝니다.

잔인하고도 비정한 직장 문화

영화는 연줄 문화와 학벌주의 등 직장 사회의 쓰디쓴 현실을 들추기도 합니다. 출신 학교도, 집안 배경도, 어느 것 하나 내세울 것 없는 인턴사원 이미례는 사무실에서 이리저리 치이며 갖은 구박을 받고 있습니다. 그는 지방에서 대학을 막 마치고 올라온 것으로 묘사됩니다. 서울 외곽의 허름한 주택에 살면서 지하철로 출퇴근하는 이미례의 모습은 집안의 넉넉하지 않은 경제적 현실을 간접적으로 보여 줍니다. 이미례는 정규직 발령을 꿈꾸며 누구 못지않게 성실하게 일하지만, 팀에서 좋은 평가를 받기는커녕 노골적인 배척을 받습니다.

반면에 새로 들어온 인턴사원 신다미를 향한 선배들의 태도는 딴판입니다. 미국 명문대를 졸업한 뒤 한국 유명 대학에서 석사 학위를 딴 신다미는 이미례와는 비교할 수 없을 정도로 화려한 학벌을 자랑합니다. 경직되고 늘 주눅 들어 있는 이미례와는 달리, 활기찬 성격에 적당한 센스까지 갖춘 그에게 직원들은 처음부터 호의를 보입니다. 김상규 부장과의 인맥을 통해 인턴사원으로 입사했다는 점, 부러움을 살 만한 높은 학력, 회사 근처에 따로 방을 얻을 만큼 여유로운 가정환경 등은 신다미의 든든한 배경으로 작용합니다.

프랑스의 사회학자 피에르 부르디외 Pierre Bourdieu 는 1979년 그의 저서 『구별 짓기』에서 사람들에게는 '경제 자본'의 격차뿐 아니라 학력, 지식, 문화적 취향 등에서 비롯된 '문화 자본'의 격차가 존재한다고 했습니다. 그에 따르면 각 개인이 성장하면서 접하는 환경의 차이는 생활 습관과 문화적 수준, 미적 취향에 큰 영향을 끼치는데, 이에 따라 다시 계급이 나뉘고 삶의 영역이 달라집니다. 경제 자본 외에 문화 자본도 자본주의사회에서 영향력을 발휘하고 있다는 주장입니다. 신다미는 든든한 재력을 지닌 부모의 지원 아래 미국 유학을 거쳐 대학원 진학까지 하며 고급 교육을 받았습니다. 회사 선배의 생일날, 화려한 꽃다발을 선물하는 모습은 신다미의 세련

된 취향과 센스를 보여 주기도 합니다. 부모의 물질적 지원에 힘입어 남부럽지 않은 학벌에, 세련된 취향 등의 '문화 자본'을 갖춘 신다미는 업무 능력을 구체적으로 평가받지 않고서도 정규직이 됩니다. 지방 대학 출신의 평범한 이미례를 밀어내고 말이지요. 영화는 평범한 서민층 젊은이가 사회에 진출해 살아남는 것이 얼마나 힘든지, 이를 가로막는 진입 장벽이 얼마나 높은지 보여 줍니다.

사내에서 밀려난 이미례와 김병국 과장의 관계는 주목할 만합니다. 김병국 과장은 늘 열심히 일하지만 융통성 없는 성격 탓에 승진에서 2년째 밀렸습니다. 열심히 하기만 하면 정규직이 될 것 같다고 생각했는데, 새로운 인턴사원 하나가 갑자기 들어와 정규직 발령에서 밀린 이미례의 모습과 비슷하지요.

김병국 과장은 사무실 서랍에 몰래 '회칼'을 넣고 생활했습니다. 회사 거래처인 한 대리점의 사장이 본사의 압박을 견디지 못하고 자살하기 전, 그에게 보낸 물건이지요. 김병국 과장은 "칼을 손에 쥐면 마음이 편안해지는 것이 마치 묵주와도 같다."라고 말하며 이미례에게 칼을 넘겨주려 합니다. 동료들에게 무시만 당하던 김병국 과장이 직장에서 해고된 뒤 가족에게 행한 폭력이 이미례에게 전이될 것임을 암시하는 장면입니다. 이는 자본주의 시스템에서 낙오되거나 밀려난 자들이 폭력으로 사회에 대갚음하는 끔찍한 현실을 상징합니다.

어느새 우리는 사무실이 공포 영화의 무대가 되는 세상에 살고 있습니다. 김병국 과장은 "서로를 잡아먹기 위해 침을 흘리고 피를 흘리며 경쟁을 하는 야수들의 세계"라고 회사를 표현했습니다. 과연 우리 사회에서 일터는 어떤 의미를 지니고 있을까요? 끔찍한 직장 문화가 좀 더 인간적인 모습을 갖추려면 무엇이 필요할까요? 영화 〈오피스〉는 여러 질문을 던지고 있습니다.

가난은 왜 죄가 되었을까

나, 다니엘 블레이크, 2016

감독_켄 로치

출연_데이브 존스(다니엘 역) / 헤일리 스콰이어(케이티 역)

사회 안전망에는 '구멍'이 있다

2014년 2월, 서울 송파구의 한 단독주택 지하 단칸방에서 끔찍한 일이 벌어졌습니다. 병고와 생활고에 시달리던 박 모 씨와 두 딸이 함께 목숨을 끊은 것입니다. 일명 '세 모녀 사건'이었습니다. 이 사건은 우리 사회에 큰 충격을 안겨 줬습니다. 일가족이 한꺼번에 세상을 등진 일 자체만으로 충격적이었지만, 그들이 극단적인 선택을 하기까지 아무런 구원의 손길이 닿지 않았기 때문입니다. 우리나라는 '국민기초생활보장법'에 의해 빈곤층이 최소한의 생계를 유지할 수 있도록 법적으로 보장까지 되어 있는데도 이들은 극단적인 선택을 해야 했습니다.

세 사람은 죽기 전 관공서를 찾아 도움을 요청했지만 지원을 거부당했습니다. 법적으로 지원 대상이 아니라는 이유에서였습니다. 두 딸은 모두 삼십 대였는데, 이들은 마땅한 직업이 없었지만 '추정소득'●에 의해 생계를 유지할 수 있으리라고 판단된 것이지요. 각종 공과금을 밀리지 않고 꼬박꼬박 낸 것도 지원 거부의 한 이유였습니다. 소득이 있으니 공과금도 제때 낸 것 아니냐고 지레짐작한 것입니다.

'세 모녀 사건'은 복지 제도를 포함한 국가 시스템의 치명적인 허점을 드러냈습니다. 조건에 부합하지 않으면 제아무리 어려운 처지에 있는 사람이라도 국가의 도움을 받을 수 없는 비정한 현실을 보여 주었지요. 그렇다면 '세 모녀 사건'과 같은 일이 벌어진 이유는 무엇일까요?

사건 발생 당시 언론은 그 원인 중 하나로 '관료제'의 문제를 꼬집었습니다. 국가기관처럼 큰 조직은 여러 가지 일을 효과적으로 관리하고 집행할 수 있도록 구성돼 있습니다. 하지만 조직이 크다 보니 책임 소재가 불분명하고 비능률성에 빠질 수도 있지요. 행정

●　　　정부가 기초생활수급 신청자에 대해 실제 소득 여부와 관계없이
　　　　주거 또는 생활 수준을 근거로 추정한 소득.

학에서는 이를 '관료제의 병리'라고 표현합니다.

관료제 조직에서 나타나는 대표적인 병리 현상으로는 '형식주의'와 '무사안일주의'를 들 수 있습니다. 형식주의란 현실의 적용 여부와는 무관하게 서류나 절차상의 문제만 강조하는 일을 말합니다. 무사안일주의는 창의적·능동적 업무 수행을 피하고, 피동적·소극적으로 현상을 유지하려는 행동 성향을 뜻하고요. '세 모녀 사건'이 전적으로 공무원들의 잘못 때문이라고 할 수는 없겠지만, 이 같은 관료주의의 폐해가 낳은 결과라는 비판을 피하기 어렵습니다.

영화 〈나, 다니엘 블레이크〉는 영국 복지 제도의 운영상 문제점을 파고듭니다. 빈민이나 실업자 등 경제적 약자를 보호하기 위해 만들어진 복지 제도 자체에 문제를 제기하기보다는, 운영하는 방식에 따라 시스템이 어떻게 사람들을 궁지로 몰아세우는지 잘 보여 주고 있지요. 제도와 기관에 맞서는 주인공의 분투는 '세 모녀 사건'이 우리 사회에 던진 질문과 궤를 같이하며 이에 대한 답을 어떻게 찾아 나가야 할지 보여 줍니다.

평생 성실했던 그, 멸시받아 마땅한가

주인공 다니엘 블레이크는 평생을 목수로 성실히 살아왔습니다. 그러던 중 평소 지병으로 앓던 심장병이 악화되자, 당분간 일을 쉬어야 한다는 진단을 받고 의사 소견에 따라 직장을 떠납니다. 병으로 일을 못하게 된 상황이니 이에 맞는 의료수당을 받아야 마땅하지만, 관공서 직원은 다니엘의 건강 상태가 일을 못 할 정도는 아니라며 실업급여를 신청하라고 합니다.

다니엘은 억울하지만 생계를 위해 어쩔 수 없이 실업급여를 신청해야겠다고 마음먹지요. 평소 인터넷은커녕 컴퓨터도 제대로 다뤄 본 적 없던 그에게 담당 직원은 인터넷으로 서류를 접수하라고 합니다. 인터넷 사용 방법도, 구직 서류 작성 방법도 제대로 알지 못하고 허둥대는 다니엘에게 직원들은 그저 냉담하게 굴 뿐입니다. 서류를 작성하지 않으면 어떤 절차도 진행될 수 없다고 압박을 가하고, 구직 활동을 증명할 서류가 충분하지 않다며 그의 노력을 한순간에 짓밟아 버리지요.

물론 다니엘이 운이 나빴다고 생각할 수도 있습니다. 어쩌다 심장 질환을 잘 모르는 직원이 배정돼 자신의 병세를 제대로 증명하지 못했고, 친절한 직원을 만나지 못해 지원을 못 받은 것이라고 볼 수도 있으니까요. 하지만 정말 그것뿐일까요? 영화는 복지 제도가지닌 허점을 다니엘의 사연을 통해 지적합니다.

일반적으로 자본주의사회에서 경제적 약자는 곧 무능력자로 여겨지곤 합니다. 많은 사람들은 그들이 불성실하거나 노력을 하지 않았기에 경제적 어려움에 처한 것이라고 생각하지요. 물론 실제로 그런 경우도 있겠지만 그들을 그리 간단히 규정지을 수는 없습니다. 영화에서 다니엘은 40년 넘게 목수로 성실히 일하며 가장의 역

I, DANIEL BLAKE

할을 충실히 했습니다. 그는 젊은 이웃이 중국에서 유명 브랜드 신발을 몰래 들여와 웃돈을 받고 팔아 치우는 모습을 보며 부적절한 행위라고 지적합니다. 요행을 바라기보다 오롯이 자신의 능력으로 돈을 벌어 온 다니엘은 이웃에게도 친절한 모범 시민입니다. 다시 말해 그가 속임수를 써서 복지 수당을 타려는 불량한 인물은 아니라는 것이지요. 어느 누구도 다니엘을 불성실한 무능력자라고 손가락질할 수 없는 상황입니다.

하지만 경제적 약자를 향한 사회적 편견은 완고합니다. 가난한 사람들은 게으르고 수동적이다 보니 국가가 어쩔 수 없이 이들을 먹여 살려야 한다는 인식이 뿌리 깊습니다. 그들은 그저 남들이 낸 세금을 야금야금 갉아먹는 얌체에 불과하다는 것이지요. 이러한 편견은 복지 제도 담당 직원들의 인식 속에도 박혀 있습니다. 누구보다 경제적 약자들의 사정에 적극적으로 귀를 기울여야 할 이들이 위압적이고 냉담한 태도를 보이는 것도 이 때문입니다. 영화 속에 등장하는 관공서 직원들은 사무적으로 경제적 약자를 대하고, 서류나 절차의 문제만을 따집니다. 직원들에게 경제적 약자들은 받들어 모셔야 할 고객도, 존중해야 할 민원인도 아닌 그저 복지 혜택 신청자에 불과한 것입니다.

국가기관이 이렇게 복지 혜택 신청자들에게 마치 시혜를 베푸는 것처럼 행동하는 것은 과연 옳은 일일까요? 우선 다니엘만 놓고 봅시다. 그는 40년 동안 일하면서 국가에 많은 세금을 냈을 것입니다. 그 세금은 도로나 철도 등 사회간접자본(SOC)을 구축하는 데 들어갔을 것이고, 국방과 치안 유지를 위한 비용으로 쓰였을 것입니다. 또 일부는 복지 체제를 구축하고 유지·관리하는 데에도 들어갔을 것이고요. 그러니까 의료 수당, 실업급여 신청 등은 시민 다니엘의 당연한 권리 행사입니다. 하지만 기관 직원들은 그를 천덕꾸러기 대하듯 합니다. 그들 급여의 일부도 다니엘의 주머니에서 나온 것일 텐데 말이지요.

한 사람의 인간으로서 권리를 외치다

이 작품은 국가기관이 일반 사기업처럼 효율성을 추구하다 야기하는 폐해에 대해서도 문제를 제기합니다. 영화의 배경이 되는 영국은 복지 정책의 선구자 역할을 해 온 나라입니다. 1945년 노동당이 첫 집권한 이래 '요람에서 무덤까지'라는 구호 아래 사회복지 정책을 꾸준히 확대해 오며 세계에 여러 복지 모델을 제시했습니다. 그 후 마거릿 대처^{Margaret Thatcher} 정부와 토니 블레어^{Tony Blair} 정부 등을 거치며 사회복지 부문의 개혁이 있었고 복지 수당도 많이 축소되었지만, 줄어드는 복지 재원을 제대로 관리하기 위한 여러 시도들과 함께 효율성을 찾는 방향으로 정책이 조정돼 왔지요. 영화에서는 간단히 소개되지만 복지 제도를 담당하는 기관이 미국 업체에 의해 운영되는 것으로 나옵니다. 공공 업무를 담당하고 있지만 외주화가 이루어져 사기업과 다를 바 없는 방식으로 조직이 움직이는 셈이지요.

영화에는 다니엘이 인터넷으로 서류 접수를 하는 데 어려움을 겪자 한 직원이 적극적으로 도와주는 장면이 나옵니다. 그런데 잠시 후 그 직원은 상사에게 질책을 듣습니다. 사람들을 일일이 도와주다 보면 일 처리가 늦어진다는 이유에서입니다. 복지 혜택이 절실히 필요한 사람들의 사정보다는 자신들의 업무 효율을 높이는 게 더 중요한 셈입니다. 정부 입장에서 다니엘처럼 기관을 찾은 이들은 그저 업무 실적에서 다뤄지는 숫자에 불과합니다. 이렇게 모든 것을 효율성의 논리로 따지고, 비용과 이익 차원에서만 계산했을 때 나타나는 결과는 무엇일까요? 바로 다니엘 블레이크 같은 선의의 피해자입니다.

다니엘은 국가기관의 부조리한 행태를 직접 겪은 후 선언하듯 기관의 건물 벽에 자신의 이름을 적고, 국민 중 한 사람으로서 인간적 권리를 존중받을 때까지 계속 싸우겠다는 의지를 밝힙니다. 다니엘이 벽에 자신의 이름을 적은 점은 매우 상징적입니다. 자신을 그저 업무 실적에 들어가는 숫자의 일부가 아닌 한 사람, '다니엘 블레이크'로 봐 달라는 말이지요. 그저 형식적인 서류나 규정만 따지지 말고, 40년 동안 성실히 목수 일을 하며 꼬박꼬박 세금을 낸 자신, 인터넷에 서툴고 현재 심장병에 시달리는 자신의 사정을 헤아려 달라는 외침입니다.

영화는 국가기관의 비정한 관료주의에 맞서 약자들의 연대를 제안합니다. 다니엘은 자신 역시 어려운 처지임에도 기관에서 우연히 만난 케이티 가족을 돕습니다. 그 또한 넉넉하지 않은데도 케이티에게 돈을 건네고, 그녀의 낡은 집을 고쳐 주고, 아이를 돌봐주기도 하며, 그녀가 부도덕한 길로 빠지지 않도록 도움의 손길을 내밉니다. 고압적인 복지 제도가 자신을 하나의 숫자로 취급하며 멸시했을지언정, 자신은 이웃 된 도리를 저버리지 않고 끝까지 인간의 가치와 존엄을 지켜 낸 것입니다. 만약 이 비인간적인 시스템에도 실낱 같은 희망이 있다면, 그것은 함께 눈물 짓는 이들의 연대에서 시작되지 않을까요. 영화는 약자들의 연대를 보여 주며 괴물 같은 시스템에 어떻게 맞서야 하는지 넌지시 이야기합니다.

2

스크린 속 근현대사,
역사를
증언하다

친일과 항일, 역사 속 제자리 찾기

암살, 2015

감독_최동훈
출연_전지현(안옥윤 역)
이정재(염석진 역) / 하정우(하와이피스톨 역)

국민 영웅 페탱이 매국노가 된 이유

제2차 세계대전이 발발하고 1년 뒤인 1940년, 독일군은 서유럽 대부분을 손아귀에 넣고 이웃 나라인 프랑스까지 침공해 파리를 점령합니다. 바람 앞의 등불 같던 프랑스는 국론이 둘로 나뉘었습니다. 막강한 화력을 지닌 독일과 휴전해야 한다는 휴전파와 독일에 굴복해서는 안 된다는 항전파가 서로 맞섰지요.

당시 프랑스의 실권을 쥐고 있던 부총리 앙리 필리프 페탱^{Henri}

Philippe Pétain이 나서서 독일과의 휴전 조약을 성사시킵니다. 말이 휴전이지 독일에 대한 항복이나 마찬가지였습니다. 이후 페탱은 프랑스 남부의 휴양도시 비시에서 국가원수로 추대됩니다. 그렇게 독일군의 지원을 받은 괴뢰정부인 비시정부가 탄생하게 되지요. 나치 독일군에 협조한 비시정부는 프랑스 역사의 치욕으로 기록됩니다. 오늘날에도 프랑스 국민 대다수가 페탱을 매국노로 기억하고 있습니다.

하지만 페탱이 국민적 영웅이었던 때도 있습니다. 제1차 세계대전 중 프랑스군 대다수가 비관적으로 바라봤던 베르됭 전투를 승리로 이끌었고, 초고속 진급으로 육군 원수에 올랐습니다. 이렇게 국가를 지켜 냈던 애국자가 제2차 세계대전을 거치면서 매국노로 변절한 것이지요. 하지만 페탱은 프랑스인의 희생을 줄이기 위해 어쩔 수 없이 '현실적인 선택'을 했다고 말했습니다. 페탱은 프랑스 해방(1944년) 이후 법정에서 민족 반역 행위로 사형선고를 받은 뒤에도 자신의 결백을 주장했습니다. 그의 이런 삶은 영화 〈암살〉에서 일본 헌병대 앞잡이 노릇을 하는 염석진과 친일파의 거두 강인국의 인생과 묘하게도 겹쳐집니다.

염석진은 젊은 시절 목숨을 걸고 조선총독 암살 작전에 나섰던 의연한 인물이었습니다. 그러나 영웅적인 행동을 했던 그도 죽음의 공포를 이기지 못하고 일제에 협력하게 됐고, 대한민국임시정부에서 독립군으로 활동하면서도 주요 정보를 일본 헌병대에 넘기는 밀정 신세가 됐습니다. 처음에는 목숨을 부지하기 위해 어쩔 수 없는 선택을 했지만, 곧 돈이라는 현실적 이익을 추구하며 민족과 동지를 배신합니다. 영웅에서 매국노로 전락한 페탱의 삶이 염석진의 인생과 겹치는 대목입니다.

강인국도 조선의 경제 발전을 위해 일본에 협조했다는 식으로 자신의 매국 행위를 합리화합니다. 영화 속 두 사람은 피할 수 없는 현실적인 선택을 한 것처럼 말하고 행동합니다. '어쩔 수 없었다'고 주장하는 그들의 선택을 역사는 어떻게 평가하고 있을까요? 또 두 사람의 선택은 본인들의 존재 가치에 어떤 영향을 주었을까요? 영화 〈암살〉이 묻고 있는 질문들입니다.

변절과 애국의 갈림길에서

〈암살〉은 일제시대를 배경으로 당대 조선인의 여러 갈래 삶을 보여 줍니다. 항일운동을 하다가 밀정으로 변절한 염석진은 살아남기 위해서라면 어떤 선택을 하든 죄가 될 수 없다고 생각하는 철두철미한 현실주의자입니다. 약삭빠르게 일본에 붙어 부와 권력을 거머쥔 태생적인 친일파 강인국은 실제 역사 속 친일파의 거두 이완용과 닮았지요.

염석진과 강인국의 반대편에는 조선의 독립을 위해 싸웠던 인물들이 있었습니다. 영화는 독립운동의 양대 산맥으로 일컬어졌던 임시정부의 김구 주석 및 의열단의 김원봉 단장 등 실존 인물과, 가상

의 독립군 안옥윤을 통해 현실에 순응하길 거부했던 항일 투사들의 삶을 보여 줍니다. 이들 가운데는 작전을 앞두고 돈타령을 하는 '속 사포'처럼 거창한 신념보다 먹고사는 일이 더 중요한 생계형 독립 군도 있었습니다.

그런가 하면 애국자도 아니고 매국노도 아닌, 전혀 다른 노선의 삶을 살아가던 인물도 등장합니다. 바로 '돈'만 바라보고 청부 살인 을 하는 하와이피스톨과 그를 돕는 영감입니다. 큰돈을 벌어 하와 이에서 멋지게 살자고 입버릇처럼 말하는 두 사람은 돈만 주면 누 구든지 신속하게 처리해 주는 이기적이고 냉혹한 '킬러'입니다. 민 족과 나라를 배신하는 비열함과도, 독립운동의 길을 걸어가는 패기 와도 거리가 먼 인물들이지요.

영화를 보다 보면 셰익스피어의 희곡 『햄릿』에 나오는 유명한 대 사가 떠오릅니다. "사느냐 죽느냐, 그것이 문제로다(To be or not to be, that is the question.)." 이 대사에서 '사느냐 죽느냐'는 단순히 물리 적인 삶과 죽음을 의미하지 않습니다. 셰익스피어는 '살다'라는 뜻 의 'live' 대신 '존재하다'라는 뜻의 'be'를 사용했는데, 많은 영문학 자들은 이를 사회적·도덕적 존재로서 자신의 위치를 고민하는 햄 릿의 고뇌가 담긴 표현이라고 해석합니다. 햄릿은 자신의 아버지를 몰래 독살하고 왕위에 올라 자신의 어머니와 결혼까지 한 숙부를 향한 복수를 망설이며 고뇌합니다. '복수를 통해 나의 사회적 존재 가치를 증명할 것인가.' '복수를 꾀하지 않고 목숨을 부지하되, 무가치한 존재로 살아갈 것인가.' 그 사이에서 이러지도 저러지도 못하는 햄릿을 두고 러시아 작가 투르게네프는 '햄릿형 인간'이라는 표현을 만들었습니다. 고민만 하다가 결국 아무것도 못하는 우유부단한 인간 유형을 가리키지요.

〈암살〉의 등장인물들은 친일과 항일이 첨예하게 대립하던 그 시절, 어느 편에 서야 할지 심각하게 고민했을 것입니다. 『햄릿』의 저 유명한 대사 속 고민을 끌어온다면, 강인국은 일찌감치 도덕적 존재로서의 삶을 포기하는 선택을 합니다. 염석진은 "물지 못할 바에는 짖지도 않겠다."라는 자기 합리화로 자신이 죽이려 했던 강인국과 비슷한 인생길을 걷고요. 반면에 김구와 김원봉, 안옥윤 등은 목숨이 위태로워지고 당장 부귀영화를 누릴 수 없다 해도 사회적 존재로 가치 있게 사는 길을 택합니다.

하와이피스톨은 햄릿형 인간이라 할 수 있습니다. 어느 길을 걸어야 할지 결정하지 않고, 망국이라는 현실에서 도피해 살려고 한다는 점에서요. 그런데 그는 어느 날 일본군 장교 가와구치가 조선 소녀를 죽이는 장면을 목격하고 울분을 참지 못하다가, 일본 정부 요원 및 친일파 암살 작전에 목숨을 던집니다. 잊고 있던 조선인으로서의 존재 의미를 깨닫게 된 것이지요. 영화는 여러 인물의 모습을 통해 가치관이 혼란스러운 격동의 시기에 어떤 삶을 택해야 할지 묻고 있습니다. "사회적으로 가치 있는 삶을 살 것인가, 아니면 순간의 개인적 안위를 위해 살 것인가?"

'대체 역사'를 통해 질문을 던지다

영화는 결론에 이르러 통쾌함을 선사합니다. 안옥윤과 하와이피스톨은 적지 않은 희생을 거쳐, 강인국 및 조선에 주둔한 일본군 사령관 암살 작전에 성공을 거둡니다. 시간이 흐른 뒤에는 반민족특별위원회*조차 처벌하지 못한 생존의 대가 염석진까지 조선 땅에서 제거하고요. 독립군들의 가슴 아픈 희생이 있었지만, 결말만 놓고 보면 이보다 더 속 시원할 수 없습니다.

하지만 실제로 8·15 해방 이후의 역사는 영화와는 정반대로 흘러갔습니다. 미군이 남한에 주둔해 군정을 실시하던 때를 틈타 친일파는 기사회생합니다. 당시 미군은 한반도를 공산주의 확산의 거점으로 여겨, 빠르게 남한의 치안 체계를 구축하고 싶어 했습니다. 이에 힘입어 일제시대 때 치안 행정에 참여했던 친일파들이 신생 대한민국의 경찰로 등용됐고, 일본 군대에서 활약했던 조선인들이 대한민국 군대 창설에 참여하게 됐습니다. 미군의 현실적인 필요성 때문에 그들의 친일 행각은 금세 묻혀 버린 것이지요.

〈암살〉은 이런 암울한 과거를 '대체 역사(alternative history)'의 관점에서 다루고 있습니다. 대체 역사는 과거에 있었던 사건이 실제의 역사와 다르게 전개된 것으로 가정해, 그 후의 역사를 재구성하는 창작 기법을 말합니다. 미국 소설가 필립 K. 딕의 『높은 성의 사

● 일제시대 친일파의 반민족 행위를 조사하고 처벌하기 위해
1948년부터 1949년까지 설치했던 특별 위원회.

내』와 한국의 소설가 복거일의 『비명을 찾아서』가 이 기법을 적용해 쓴 대표적인 장편소설입니다.

『높은 성의 사내』는 제2차 세계대전이 독일의 승리로 끝나고, 미국까지도 독일의 지배 아래 놓인 상황을 설정해서 이야기를 전개합니다. 『비명을 찾아서』에서는 '안중근의 이토 히로부미 저격이 실패했다'라는 가정 아래 이야기가 펼쳐지는데, 그 후의 역사는 우리가 아는 것과 정반대입니다. 이토 히로부미가 죽지 않고 16년을 더 살면서 일본의 대외 정책도 온건해졌으며, 이로 인해 일본은 제2차 세계대전의 패전국이 되지 않을 수 있었고, 1980년대까지 여전히 조선을 지배하게 됐다고 하거든요.

이렇듯 '대체 역사' 기법으로 쓰인 가정된 역사는 우리에게 과거를 돌이켜 볼 수 있는 기회를 제공합니다. 역사를 뒤집어 봄으로써 현실의 부조리함을 반성하는 계기를 마련해 주고, 현재의 가치를 다시 발견하는 기회를 주기도 합니다. 『비명을 찾아서』의 주인공인 기노시다 히데요(박영세)는 일본 내지인이 아닌 반도인으로서 차별받는 현실에 처해 있습니다. 그는 깊숙이 감춰져 있던 조선의 역사에 호기심을 가지고 공부하다 체포되는데, 끝내 금지된 조선어로 시를 쓰기 위해 상하이 임시정부로의 망명을 결심합니다. 기노시다 히데요의 삶은 현재 대한민국을 살아가는 우리들에게 민족과 국가, 모국어의 의미를 깨닫게 하지요.

영화 〈암살〉은 해방 직후 제대로 이뤄지지 못한 친일파에 대한 단죄를 영화 속에서나마 실행합니다. 그럼으로써 친일파가 득세하고, 이들을 단죄하는 데 실패한 해방 이후의 정국이 옳은 것인지 묻고 있습니다.

프랑스의 매국노 페탱의 반대편에 섰던 대표적인 인물은 샤를 드골Charles de Gaulle이었습니다. 페탱의 부관(참모 장교) 출신이었던 드골은 독일과의 굴욕적인 휴전에 반대하고 영국으로 망명을 가면서까지 대독(對獨) 항전에 앞장섰습니다. 해방 뒤 드골은 페탱 등 독일에 부역한 사람들의 처단을 주도했고, 프랑스 대통령의 자리에까지 올랐지요. 어쩌면 영화 〈암살〉이 꿈꾼 우리나라의 역사는 바로 이런 모습이 아니었을까요.

1980년 광주에서는
무슨 일이 일어났을까

택시 운전사, 2017

감독_장훈

출연_송강호(김만섭 역) / 토마스 크레취만(위르겐 힌츠페터 역)
유해진(황태술 역) / 류준열(구재식 역)

진실의 수호자 언론, 권력을 감시하다

지난 2016년 가을부터 이듬해인 2017년 봄까지 대한민국을 떠들썩하게 했던 정치적 파란을 기억할 것입니다. 박근혜 전 대통령의 오랜 지인으로 알려진 최순실 씨가 자신의 이익을 위해 박 전 대통령의 지위를 부당하게 활용해 박근혜 정부의 국정에 개입한 일이 세상에 알려졌습니다. 최 씨는 정부의 주요 정책 결정과 사업에 직간접적으로 관여해, 국가 시스템을 무너뜨리고 사익을 취하려 했습니다. 국민들은 분노했고, 국회에서 박 전 대통령의 탄핵소추안이 의결된 뒤 헌법재판소에서 탄핵 결정이 내려졌습니다.

사실 최 씨의 국정 농단은 이미 오래전부터 정가(政街)에 소문으로 떠돌았습니다. 박 전 대통령과 1970년대부터 알고 지내던 최 씨가 사실상 국정을 운영한다는 풍문이었는데, 대부분의 사람들은 이를 낭설이라 생각했습니다. 국민에 의해 선출된 대통령에게 일개 사인(私人)이 부당한 영향을 끼친다는 것은 상상조차 할 수 없는 일이었기 때문입니다. 무엇보다 이를 증명할 만한 문서나 영상도 딱히 없었습니다. 어떤 일이 실제로 벌어졌다 하더라도, 사람들은 직접 눈으로 확인할 수 없다면 쉬이 믿지 못하게 마련입니다.

하지만 일련의 언론 보도를 통해 사람들은 뜬소문 같던 일이 사실임을 확인하게 됐습니다. CCTV에 녹화된 영상에는 최 씨가 청와대 직원을 하인 부리듯 하는 장면이 들어 있었고, 대통령의 의상을 마음대로 고르고 값을 지불하는 모습이 담겨 있었습니다. 거기에 더해 최 씨가 국가 기밀문서를 불법적으로 받아 보관한 태블릿 PC가 발견되면서, 사람들은 국정이 여러 방면에서 비정상적으로 수행됐음을 알게 됐습니다.

언론들은 국정 농단의 단서를 추적하고 찾아낸 뒤, 이를 종합한 보도를 통해 관계자들이 법의 심판을 받도록 했습니다. 잘못된 자료를 근거로 한 오보가 간혹 나오기도 했으나, 각종 의혹들의 진상을 규명하고 책임 소재를 따지며 국정 농단의 실체를 하나씩 밝혀

갔지요. 자칫 정부 체계가 무너지고 국가가 더욱 엉망이 되는 최악의 상황을 막은 것입니다. 기록의 힘, 언론의 역할을 새삼 깨닫게 한 나날이었습니다.

물론 언론의 진실 보도가 순탄했던 것은 아닙니다. 사건에 연루된 자들은 여러 경로를 통해 자신들에게 불리한 보도를 막으려는 은근한 압박을 비롯해, 정보를 감추려는 조직적인 은폐 등을 시도했습니다. 하지만 정치권력은 과거 독재 정권 시절처럼 폭력적인 방법으로 언론에 개입할 수 없었습니다. 우리나라의 민주주의가 그만큼 발전한 것이지요.

영화 〈택시 운전사〉는 우리나라에 언론 자유와 절차적 민주주의가 뿌리내리는 데 결정적인 역할을 했던 약 40년 전 비극을 소재로 하고 있습니다. 영화의 배경인 5·18 민주화운동(1980년)의 진상이 세상에 알려지게 된 데는 한 언론 보도의 힘이 컸습니다. 그러나 안타깝게도 국내 언론사와 언론인에 의한 보도는 아니었습니다. 당시 독일 공영방송의 아시아 특파원이었던 위르겐 힌츠페터 Jürgen Hinzpeter 가 광주의 실상을 외국에 알리는 데 큰 역할을 했지요. 그가 목숨을 걸고 취재해 보도한 내용은 전 세계의 공분을 일으켰고, 독재 정권에 큰 압박으로 작용했습니다. 〈택시 운전사〉는 현대사의 큰 전환점이 됐던 5·18 민주화운동의 숨은 영웅을 소환해, 역사적 사건을 기록하고 대중에게 알리는 일이 얼마나 중요한지, 우리가 기억하고자 하는 역사란 무엇인지 되돌아보게 합니다.

역사의 진실을 밝히는 기록의 힘

〈택시 운전사〉를 제대로 이해하기 위해서는 시대적 배경을 알아야 합니다. 1979년 박정희 전 대통령이 시해된 뒤 유신 정권이 무너지면서 1980년 봄, 우리나라에 민주화의 바람이 불었습니다. 당시 언론은 이를 '서울의 봄'이라고 표현했습니다. 하지만 이 시기는 그리 오래가지 못했습니다.

전두환을 중심으로 한 새로운 군부 세력이 등장했고, 정권은 북한의 위협을 핑계로 민주화를 향한 움직임을 억누르려 했습니다. 서울을 비롯한 전국 주요 도시에서 대학생들을 중심으로 군부 세력에 반대하는 시위가 일어나자, 군부 세력은 계엄령을 전국으로 확대하며 집회 및 시위 자체를 금지했습니다. 하지만 광주 시민들은 시위를 계속 벌이며 군부의 부당한 억압에 항의했습니다. 이에 군부는 사회질서 유지를 명목으로 계엄군을 투입해 시위를 무력 진압했습니다. 무고한 사람들이 과잉 진압으로 목숨을 잃거나 크게 다치자 시민들은 힘을 모아 계엄군에 맞섰고, 광주는 더욱 혼란스러운 상황에 처하게 됐지요.

군부는 광주의 참상을 언론사들이 보도하지 못하도록 강력하게 통제했습니다. 신문과 방송이 광주에서 벌어지는 일들을 제대로 보도하지 않으니, 광주 밖 대부분의 사람들은 여느 때처럼 평범한 하루하루를 이어 갑니다. 군부의 서슬 퍼런 국정 운영에 불만을 품으면서도 사람이 죽어 나가는 일은 눈앞에서 벌어지지 않으니 그나마 차분한 분위기 속에 놓여 있었던 것이지요.

영화의 주인공 만섭은 광주 밖의 평범한 사람들 중 하나로 등장합니다. 데모하는 대학생들을 보면 공부가 하기 싫어 거리로 나왔다고 생각하고, 자신과 어린 딸의 생계를 위해 하루하루 바쁘게 택시를 운전하는 소시민이지요. 그러던 중 광주에 갔다가 통금 시간에 맞춰 돌아오면 밀린 월세를 갚을 수 있는 거금 10만 원을 주겠다는 말에, 독일인 방송기자 힌츠페터(피터)를 태우고 광주로 향하게 됩니다. 그러나 만섭은 그곳에서 상상하지도 못했던 끔찍한 상황과 마주합니다.

우연히 만나 만섭의 택시를 함께 타고 다니며 피터의 취재를 돕는 의기에 찬 광주 대학생 재식을 비롯해, 인간미 넘치는 광주 토박이 택시 운전사 황 기사는 돈만 바라보고 광주에 온 만섭을 부끄럽게 만듭니다. 만섭이 조금씩 광주의 참상을 알아 가고, 위험에 휩싸이며, 주변 사람들의 죽음을 맞닥뜨리게 되면서 관객들은 그 당시에 어떤 비극이 벌어졌는지 목격하지요.

힌츠페터는 기록과 언론의 힘을 온몸으로 증명해 냅니다. 힌츠페터가 광주에 간 동기는 간단합니다. 기자이기 때문이죠. 현장에서 무슨 일이 벌어지고 있는지 취재해, 이를 시청자(독자)에게 전달해 주는 것이 자신의 직업적 의무라고 믿고 있습니다. 그가 우여곡절 끝에 촬영한 보도 영상은 독일을 넘어 서구 주요 국가에 소개됩니다. 당시 우리나라 언론은 군부의 지침 때문에 제대로 보도를 할 수

없었습니다. 그의 보도 영상은 이후 '광주 비디오'라는 이름으로 우리나라에 흘러들어 왔고, 많은 사람들이 이를 종교 기관이나 대학 등에서 암암리에 볼 수 있게 됐습니다.

광주에서 불순분자의 폭동이 일어났고, 계엄군이 이를 정당하게 진압한 것으로만 알았던 국민들은 힌츠페터의 영상을 본 뒤 분노했습니다. 서슬 퍼런 군부 정권 치하였기에 그 분노가 곧바로 행동으로 이어지지는 못했지만, 몇 년 뒤 1987년 6월 민주항쟁의 원동력이 됐다는 평가를 받습니다. 만약 힌츠페터의 취재와 보도가 없었다면 광주의 실상은 제대로 알려지지 못했을 테고, 역사의 물줄기가 바뀌려면 조금 더 오랜 시간이 필요했을지도 모릅니다.

과거의 아픔을 직시할 용기가 필요하다

정치에 무지했던 만섭이 우연한 계기로 비극의 현장을 피부로 느끼고 의로운 시민으로 거듭나는 과정을 보며 우리는 지나간 역사를 간접 체험하게 됩니다. 교과서에 실린 몇 줄로만 접했거나, 간혹 어른들로부터 짧게 듣기만 했던 현대사의 한 자락을 만섭의 눈을 통해 자세히 들여다보는 것이지요.

영화는 최종적으로 우리에게 '역사란 무엇인가'라는 질문을 던집니다. 택시를 타고 광주를 막 떠나려고 할 무렵, 만섭은 택시 룸 미러를 통해 참혹하게 학살당하는 시민들의 모습을 봅니다. 택시라는 공간은 이 영화의 또 다른 세계입니다. 앞좌석에 앉은 만섭은 5·18

민주화운동의 당사자가 아닌, 어디까지나 그것을 목격하는 외부자이지요. 룸 미러를 통해 역사의 현장을 바라보는 만섭의 시선은 당시 광주 밖에 있던 시민, 더 나아가 시공간적으로 다른 오늘을 사는 관객의 시선을 대변합니다.

만섭은 피터를 무사히 서울로 돌려보내야 한다는 의무감을 잠시 잊고, 시민들을 돕고 싶어 합니다. 그런 그에게 피터는 보도를 내보내 광주의 참상을 세상에 알리는 것이 그들을 돕는 일이며, 자신들이 할 수 있는 최선의 일이라고 설득합니다. 만섭은 슬픔과 분노를 억누르며 택시를 앞으로 전진시킵니다. 이 장면은 우리가 역사를 어떻게 대해야 하는지 보여 주는 은유입니다. 역사적 참상에 대한 인식 없이 무턱대고 앞으로 전진해서는 안 된다고 웅변하는 듯하지요. 만섭이 룸 미러를 통해 참혹한 광주의 모습을 외면하지 않으며 앞으로 택시를 운전했듯이, 우리도 역사적 진실을 돌아보며 미래로 나아가야 한다고 말입니다.

그렇다고 앞으로 나아가지 못하고 과거에 지나치게 함몰돼 있는 태도도 바람직하지 않습니다. 만섭은 과거에 아내를 병으로 떠나보내고 충격을 이기지 못해 술로 매일 밤을 지새웠습니다. 그러다 딸이 엄마를 그리워하며 우는 모습을 본 뒤 술을 끊고 각오를 새롭게 다지게 됐지요. 만약 만섭이 아내와 함께였던 기억에만 빠져 과거에서 헤어 나오지 못했다면 자신뿐만 아니라 딸의 삶까지 완전히 피폐해졌을 것입니다. 만섭이 가끔씩 아내를 떠올리며 마음을 다잡고 미래를 위해 현재를 충실히 살아가는 모습은, 그가 광주에서 룸 미러로 참상을 목도하면서도 운전대를 잡고 액셀을 밟는 장면과 겹쳐집니다.

영국의 역사학자이자 정치학자 에드워드 카 ^{Edward H. Carr}는 자신의 저서 『역사란 무엇인가』에서 '역사는 과거와 현재의 끊임없는 대화'라고 정의했습니다. 과거를 돌아보지 않고 현재의 입장에서만 역사를 해석해서도 안 되고, 과거에만 매몰돼 현재와의 관계를 따지지 않아서도 안 된다는 의미입니다.

일각에서는 5·18 민주화운동이 날조된 것이라고 주장합니다. 북한의 소행이라는 얼토당토않은 말을 퍼뜨리는 사람도 있습니다. 누군가는 5·18 민주화운동을 애써 폄하하기도 합니다. 그게 우리나라 민주주의에 뭐 그리 큰 영향을 미쳤냐는 인식이지요. 뒤를 살피지 않고 앞만 보고 운전하면 사고 날 확률이 높아지듯, 과거에 눈을 감고 현재만 바라보는 국민에게 미래는 없습니다. 〈택시 운전사〉는 만섭과 피터의 우정담 혹은 5·18 민주화운동에 대한 단순한 회고가 아니라, 미래 지향적인 역사란 무엇인지 말하고 있습니다.

역사가 말하지 않는
'그녀'들의 이야기

허스토리, 2017

감독_민규동

출연_김희애(문정숙 사장 역) / 김해숙(배정길 할머니 역)

성별로 읽는 세계사

　제2차 세계대전은 1939년 아돌프 히틀러 Adolf Hitler 가 이끌던 독일이 폴란드를 침공하면서 시작됐습니다. 독일이 폴란드를 침략하자 영국과 프랑스는 크게 반발했어요. 영국에서는 노쇠하지만 뚝심 넘치는 총리 윈스턴 처칠 Winston Churchill 이 히틀러의 야욕에 맞섰습니다. 프랑스는 독일에 점령당하면서 괴뢰정부가 들어서기도 했지만, 영국으로 망명한 드골 장군을 중심으로 활발한 저항 활동이 전개되며 독일로부터의 해방을 모색했지요.

1941년 독일의 우방(友邦)인 일본의 도조 히데키東條英機 수상은 미국 하와이의 진주만 공습을 감행했습니다. 이로써 제2차 세계대전이 발발한 지 2년이 지나도록 중립을 지키던 미국은 프랭클린 루스벨트Franklin Roosevelt 대통령의 지휘 아래 세계대전에 참전하게 됐습니다. 중국에서는 장제스蔣介石의 국민당과 마오쩌둥毛澤東의 공산당이 일본을 대륙에서 몰아내기 위해 손을 잡았지요.

인류 역사상 가장 많은 인명 피해를 남긴 제2차 세계대전은 대략 이런 흐름으로 전개되었습니다. 열강들의 기득권 다툼이 치열했던 이 전쟁을 치르며 세계 각국의 지도자들은 급변하는 국제 정세 속에서 자신의 야욕을 거침없이 드러냈어요. 그 과정에서 20세기 중반의 세계 역사가 만들어졌지요.

여기서 앞에 열거된 히틀러와 처칠, 드골, 히데키, 루스벨트, 장제스, 마오쩌둥의 공통점은 무엇일까요? 바로 이들 모두가 남성이라는 점입니다. 너무 허무한 답변인가요? 역사에서 두각을 나타낸 각국의 지도자들이 남성이라는 게 당연하게 느껴지나요? 그런데 그 당시 세계사에 큰 영향을 미친 사람들이 모두 남성이었다는 사실을 과연 우연이라고만 할 수 있을까요?

현재 우리가 살아가는 21세기 세계를 살펴봅시다. 2016년 영국이 국민투표로 유럽연합(EU)에서 탈퇴하기로 결정하면서 영국 정부는 큰 혼란에 빠졌습니다. 과반수의 국민들이 유럽연합 탈퇴에

찬성할 거라고는 예상하지 못했기에, 그 가능성에 안일하게 대처했거든요. 이후 새로운 정부가 들어서고 여성 총리 테리사 메이[Theresa May]가 영국의 지도자가 됐습니다. 메이 총리는 브렉시트(Brexit, 영국의 유럽연합 탈퇴)가 순조롭게 진행되도록 유럽연합의 대표 국가인 독일의 총리 앙겔라 메르켈[Angela Merkel]과 잦은 회담을 가졌습니다. 두 여성의 만남은 70여 년 전 영국의 처칠과 독일의 히틀러가 국가의 명운을 걸고 싸웠던 것과 확연히 비교됩니다. 오늘날 영국의 여성 지도자와 독일의 여성 지도자가 만나 국가의 미래가 걸린 협상을 하는 모습도 그저 우연의 일치일까요?

제2차 세계대전 이후 세계, 특히 서구에서는 여성의 지위에 많은 변화가 있었습니다. 여성의 사회적 진출이 활발해졌고, 국가기관이나 기업의 고위직에 오른 여성들도 전보다 확연히 늘었죠. 여성이 사회에 목소리를 낼 수 있게 되자, 이는 자연스럽게 여성의 지위 상승에도 영향을 미치게 됐습니다. 이것이 메이와 메르켈이 자신의 나라를 대표해 협상하고, 지도력을 발휘하는 모습을 그저 우연이라고 할 수 없는 이유입니다.

하지만 세상이 많이 달라졌다고 해도 아직 이 사회에는 여전히 남성 중심주의가 만연합니다. 여성들에게 가해지는 억압과 부당한 처우가 엄연히 존재하죠. 남성들은 가부장제 사회에서 누리는 여러 혜택을 당연시하고, 남성 중심주의로 인해 여성들이 입는 피해를 대수롭지 않게 여기는 경우가 종종 있습니다. 영화 〈허스토리〉는 이

같은 우리 사회의 모습을 다시 한 번 되돌아보게 합니다.

피해자가 왜 고개를 숙여야 하는가

〈허스토리〉는 우리에게 너무나 익숙한 일본군 '위안부' 할머니들의 이야기를 다룹니다. 일제에 의해 강제로 끌려가 일본군의 성(性)노리개가 되고, 갖은 학대 속에서 생명의 위협을 느끼다 겨우 살아남은 그들의 신산한 삶은 그동안 여러 드라마와 영화, 다큐멘터리, 언론 보도 등을 통해 우리에게 상세히 전달돼 왔습니다. '위안부'의 존재 자체를 부정하는 일본 정부의 비열하고도 무책임한 태도에 여러분도 다들 한 번쯤 분노해 봤을 거예요. 그런데 이 영화는 조금 다른 관점에서 '위안부' 할머니들의 이야기를 바라봅니다. 여성주의적 시각에서 '위안부' 할머니들의 비극을 들여다보며 남성 중심주의 사회의 부당함을 고발하죠.

영화는 여행사 대표인 문정숙이 속한 부산여성경제인협회에서 '위안부' 할머니 돕기에 나서며 본격적으로 펼쳐집니다. 바쁜 회사 일로 딸의 학교생활조차 챙기지 못하는 정숙에게 '위안부' 할머니들의 이야기는 그저 남의 일이었습니다. 그러다 우연한 계기로 '위안부' 피해자들을 위한 신고 센터를 자신의 여행사 내에 개설하면서 정숙은 점차 '위안부' 할머니들의 현실을 알게 되고, 그들을 적극적으로 도우려 합니다.

하지만 정숙은 피해자 할머니들의 소극적인 태도를 좀처럼 이해할 수가 없습니다. 자신이 입은 피해를 세상에 널리 알려 가해자에게 정정당당하게 사과를 요구하고 배상도 받아야 마땅한데, 할머니들은 자신들의 과거를 감추기 급급합니다. 우리 사회의 비뚤어진 시선 탓입니다. 할머니들이 과거 일제에 몹쓸 일을 당한 것은 안됐지만, 남사스럽게 그 사실을 굳이 공개적으로 밝힐 필요가 있느냐는 사회 통념 말이죠.

할머니들은 무섭도록 차갑고 잔인한 시선을 마주해야 했습니다. 한 택시 운전사는 라디오에서 '위안부' 할머니들에 대한 뉴스가 나오자 "쪽팔린 줄 알아야지!"라며 목소리를 높입니다. '위안부' 신고센터를 개설한 정숙의 여행사에는 항의 전화가 걸려 오고, 사무실 유리창에 난데없이 짱돌이 날아드는가 하면, 일본 거래처는 거래를 끊어 버리기까지 합니다. 심지어 '위안부' 피해자 할머니의 중년 아들조차 자신의 어머니를 더럽다며 비난합니다. 영화 초반 정숙도 크게 다를 바 없었습니다. 일제의 만행을 고발하는 김학순 할머니에 대한 뉴스를 보면서 딸에게 잔소리를 합니다. '너도 어렸을 때 저렇게 인생 삐끗하면 큰일 난다'는 식으로 말이죠.

가해자는 일제인데, 왜 온전한 피해자인 '위안부' 할머니들이 자신들의 나라에서조차 욕을 먹고 부당한 처우를 받아야 할까요? 영화에서 그 이유를 구체적으로 설명하지는 않지만, 미루어 짐작해볼 수는 있습니다. 이유야 어쨌든 여자의 몸이 더럽혀졌다는 건 큰 잘못이라는 그릇된 인식, 여자는 험한 일을 당했으면 쉬쉬하며 조

용히 있어야 한다는 고정관념이 사람들 사이에 무의식적으로 작용하고 있기 때문입니다. 이 같은 고정관념은 순결과 정절을 여성의 중요한 덕목으로 여긴 가부장제의 사고방식과 정확히 일치합니다. '여자는 결혼해서 남자 집안의 대를 이어야 한다', '여자는 몸가짐을 정숙하게 해야 한다', '여자가 누군가에게 몹쓸짓을 당했다면 그다음부터 온전한 여자로서 행세할 수 없다' 등등. 모두 여성을 남성과 동등한 인간이 아닌, 하나의 수단으로 대상화하는 가부장적 사고방식이지요.

배제된 여성들의 역사를 쓰다

전쟁범죄의 피해자인 여성들의 삶이 왜곡되고 외면받은 일은 역사 속에서 끊임없이 반복되어 왔습니다. 병자호란 때 50만 명가량의 조선 여성이 청(淸)나라로 끌려갔습니다. 이들 대부분이 성적 착취를 당했고, 조선으로 돌아온 후에도 상당수가 사회적 냉대를 받았죠. 주변 사람들은 이유야 어찌 됐든 이들이 이미 더럽혀졌으니 여자로서의 구실을 온전히 할 수 없다고 생각했고, 가족들도 이들을 집안의 수치로 생각했습니다. 고향으로 돌아온 여성들, 즉 '환향녀(還鄕女)'가 사회적인 문제가 되자 당시 임금이었던 인조는 "청에 끌려갔던 여성들이 홍제원의 냇물에서 몸을 씻고 한양으로 들어오면 죄를 묻지 않겠다."라고 선언했습니다. 임금이 못나고 나라가 힘이 없어 죄 없는 백성들이 끌려가 고통받은 것인데, 이를 '죄'라고 표현한 것만 봐도 이미 오래전부터 남성 중심주의적 사고가 얼마나 뿌리 깊었는지 엿볼 수 있습니다. 환향녀는 이후 '화냥년'이라는 여성 비하적인 단어로 변질됩니다. 남자를 밝히는 여자라는 의미가 담긴, 욕설이나 다름없는 단어가 됐죠.

그렇다면 일본군 '위안부' 할머니를 비하하고 그들의 과거를 부정해 온 일본의 태도는 어떤가요? 이들은 엄연한 전시 성폭행 피해를 개인적인 '정조' 문제로 왜곡해 버립니다. 정숙은 할머니들을 설득해 '위안부' 피해 사실을 증언하도록 하고, 재일 동포 변호사의 도움을 얻어 일본 정부를 상대로 한 재판에 나서면서 '위안부' 문제에 대한 일본인들의 폭력적인 시각을 몸소 느끼게 됩니다. 방청석에 앉은 일본인들(주로 남성입니다)은 줄곧 민망한 성적(性的) 비속어들을 사용하며 할머니들의 증언을 깎아내립니다. 일본의 전쟁범죄를 인정하고 싶지 않아서이기도 하겠지만, 여기에는 여성에 대한 부정적인 시선 또한 깔려 있습니다.

한편 고된 재판을 마치고 '위안부' 할머니들이 일본의 한 숙소에 묵으려 하자 숙소 주인은 난색을 표합니다. 손님들이 할머니들과 같은 목욕탕을 쓰고 싶어 하지 않고, 할머니들이 덮은 이불을 덮고 싶어 하지 않는다면서요. 이 장면을 통해 '위안부' 할머니들이 일본 정부와 싸우는 것에 대한 일본인들의 반감을 넘어, 여성의 신체에 대한 전근대적인 인식을 엿볼 수 있습니다.

역사는 영어로 'history'입니다. 여성주의자들은 지금까지의 역사는 남성들의 관점에서 그들만의 경험을 기록해 왔다며, 남성 중심적이자 가부장적이라고 비판합니다. 여성들이 권력의 중심부에서 활동하지 않았다는 이유만으로 그들이 역사에 기여하고, 참여한 일들은 가려지고 무시됐다는 것이지요.

앞에서 언급한 제2차 세계대전을 포함해 대부분의 전쟁은 남성들의 전쟁이었습니다. 남성 지도자들이 전쟁을 주도했고, 참혹한 전장에서 죽어 간 이들도 대부분 남성이었죠. 우리는 제2차 세계대전이 남긴 결과로 수천만 명이 희생됐다는 말을 듣곤 합니다. 많은 사람들이 전장에서 죽은 병사들(대부분이 남성입니다)을 떠올립니다. 물론 전사한 병사들의 영혼도 위로받아야 마땅하지만, 우리는 역사의 이면에서 희생된 이들(특히 여성)의 삶도 기억해야 합니다.

피해자임에도 가해자와 세상 사람들 앞에서 주눅 든 채 살았던 '위안부' 할머니들은 시모노세키와 부산을 오가며 무려 6년이라는 긴 시간 동안 스물세 번의 재판을 합니다. 일본 정부를 상대로 공식적인 사죄와 배상을 청구한 그 소송은 질 것이 뻔해 보였습니다. 하지만 놀랍게도 일부 승소 판결이 났고, 할머니들은 자신들의 삶이 부끄러운 게 아니라는 점을 깨닫습니다.

재판에 참석하러 가는 길, 공항으로 향하는 택시 안에서 '위안부' 할머니들은 이렇게 말합니다. "우리는 홀몸이 아니다. 우리가 국가대표다." 우리나라를 대표해 일본의 만행을 밝히고 배상을 받아 내는 데 앞장서고 있다는 자부심을 갖게 된 것이죠. 불우했던 시절 원치 않는 참혹한 일을 겪고, 오랜 세월 그 억울함을 제대로 풀지도 못한 채 살아오던 이들이 진정 그녀들의 이야기, 즉 'her story'를 펼칠 수 있게 된 것입니다. 진정한 역사란 이처럼 소외된 이들의 목소리까지 모두 반영된 역사 아닐까요? 이것이 바로 영화 〈허스토리〉가 전하려는 메시지입니다.

#3

전쟁과 평화에 관한
짜릿한
사고실험

세계 평화를 지키는
인공지능이 개발된다면

어벤져스: 에이지 오브 울트론, 2015

감독_조스 웨던
출연_로버트 다우니 주니어(토니 스타크·아이언맨 역)
제임스 스페이더(울트론 역)

절대자도 만들어 줄 수 없는 평화

로마제국에서 분리되어 나온 서로마제국은 점점 국력이 약해져 476년에 끝내 멸망합니다. 서고트족의 공격으로부터 영토를 지키기 위해 고용했던 게르만족의 용병 대장 오도아케르Flavius Odoacer가 서로마제국의 황제 로물루스 아우구스투스Romulus Augustus를 강제로 물러나게 하면서 서로마제국은 역사 속으로 사라지게 됐죠. 스스로 방어할 힘이 없어 용병을 고용해야 할 지경에 이른 서로마제국의 멸망은 어쩌면 이미 예고된 것이었는지도 모릅니다.

국가의 안녕과 평화를 위해 고용한 용병이 오히려 국가의 멸망을 재촉한 것을 보면, 자주적인 방어 체계가 얼마나 중요한지 알 수 있습니다. 그 어떤 외부 세력도 아닌, 바로 우리 스스로만이 자기 국가를 지킬 수 있다는 교훈이지요. 서로마제국은 엄청난 넓이의 영토를 자랑했지만 자체적으로 제국을 유지할 제도나 체제가 부족했고, 나라를 지키려는 의지도 약했습니다. 왕족과 귀족만을 위한 사회 지배 체계도 멸망의 원인으로 작용했죠. 구성원들 사이에 소통을 거쳐 사회를 통합하고 건실한 사회구조를 구축했더라면, 아마 용병에 의존하지 않고서도 외부 세력의 침입을 효과적으로 막을 수 있었을 것입니다.

할리우드 블록버스터 영화 〈어벤져스: 에이지 오브 울트론〉을 보면 서로마제국의 최후가 문득 떠오릅니다. 역사를 장식해 온 온갖 제국들의 흥망사도 겹쳐지고요. 〈어벤져스: 에이지 오브 울트론〉을 단순히 만화 속 주인공들이 스크린에서 되살아나 화려한 액션을 펼치는, 시간 죽이기용 오락 영화로만 여길 수는 없습니다. 평화에 대한 인류의 오랜 고민과 21세기에 새로운 화두로 등장한 인공지능을 둘러싼 갈등 등 우리에게 여러 생각거리를 던져 주고 있거든요.

인공지능이 과연 인류의 행복을 보장할까

먼저 영화는 인공지능에 대한 인류의 공포와 우려를 담고 있어요. 영화 초반부만 해도 인공지능은 긍정적으로 묘사됩니다. 지구 방위대 '어벤져스'를 위해 지은 뉴욕의 고층 기지에, 자동으로 작동되는 아이언맨 로봇들이 질서 정연하게 줄지어 들어갑니다. 이들이 기지 안으로 들어가자마자 로봇들을 점검하고 고치는 기계가 자동으로 작동합니다. 이 모든 과정은 어벤져스의 아이언맨인 토니 스타크가 개발한 인공지능 '자비스'의 통제 안에서 가능한 일들이죠. 자비스 덕분에 스타크와 그의 동료들은 지구 방위라는 특수 업무를 효율적으로 처리할 수 있습니다. 자비스의 활약은 인공지능에 대한 인류의 기대와 희망을 보여 줍니다.

인공지능을 다룬 영화들은 이전에도 많았습니다. 스탠리 큐브릭 Stanley Kubrick 감독의 SF 영화 〈2001 스페이스 오디세이〉(1968)는 우주선을 관할하는 인공지능의 반란을 그리고 있어요. 또 스티븐 스필버그 Steven Spielberg 감독이 연출한 〈A. I.〉(2001)는 인간으로부터 버림받은 인공지능 로봇을 묘사하고 있으며, 〈아이, 로봇〉(2004)은 인공지능 로봇 군단의 반란을 담고 있습니다. 인공지능이 인류를 지배하는 상황을 가장 끔찍하게 전달한 영화는 아마도 〈터미네이터〉와 〈매트릭스〉 시리즈일 것입니다. 기계들이 지구를 차지하기 위해 인류를 멸종시키려 한다거나 인간을 에너지원으로 삼아 자신들의 세계를 유지해 간다는 설정은 기계문명에서 비롯된 디스토피아의 전형적인 모습을 보여 주지요.

〈A. I.〉를 제외하면, 인공지능을 다루는 영화들은 대부분 첨단 기

술에 대한 우려의 목소리를 반영하고 있어요. 인간의 편의, 또는 평화를 위해 만들어 낸 인공지능이 오히려 인간을 지배하고 더 나아가 절멸 상태로 내몬다는 줄거리는 기계문명에 대한 인류의 오랜 공포를 바탕으로 하고 있습니다.

19세기 초 산업혁명 시대가 활짝 열립니다. 기계가 수공업을 대신하면서 많은 노동자들이 일자리를 잃게 되었지요. 그 당시 공장 노동자들은 일자리를 빼앗은 기계를 탓하며 기계파괴운동을 벌였는데, 이들을 '러다이트(Luddite)'라 불렀습니다. 대량생산으로 인류에게 물질적 풍요를 안겨 준 기계문명은 한편으로 대량 실업에 영향을 미쳤고, 이에 따라 기계에 대한 원초적인 두려움이 자연스레 움트게 되었지요. 정보 통신 기술의 발달에 따른 IT 혁명도 새로운 세계로의 가능성을 제시하는 동시에, 여러 가지 어두운 그림자를 안고 있습니다. 얼마 전에는 스마트폰 앱을 이용한 우버 택시, 타다 등의 승차 공유 서비스가 논란이 되기도 했습니다. 스마트폰을 이용해 간편하게 차량을 부를 수 있는 장점이 있음에도 불구하고, 일반 택시 운전사들의 생존권을 위협한다는 주장이 만만치 않지요.

〈어벤져스: 에이지 오브 울트론〉에 등장하는 인공지능은 기계문명의 명암을 다시 한 번 되돌아보게 합니다. 영화 초반에 펼쳐지는 자비스의 활약을 지켜보면 인공지능의 장밋빛 미래를 상상할 수 있어요. 이런 낙관을 바탕으로 스타크는 자비스를 능가할 새로운 인공지능 개발을 꿈꿉니다. 외계 침입자를 미리 막을 수 있는 강력한 방어 체계 역할을 할 울트론이라는 인공지능을 개발하려고 하지요. 그러나 스타크의 선의는 의도치 않게 인류를 향한 위협으로 변질됩니다. 울트론이 스타크의 뜻과 달리 인류를 보호하기는커녕 인류를 절멸시킬 계획을 세웠기 때문입니다. 인공지능이 서로마제국의 게르만 용병과 같은 존재가 된 것입니다.

위기는 울트론이 자의식을 갖게 되면서부터 시작됩니다. 어떻게 된 일인지 울트론은 지구를 지키기 위해서는 약해 빠진 인류 따위는 사라져야 마땅하다고 여기게 됩니다. 파괴를 통해 평화를 실현하려 한 셈이지요. 그는 나약한 인류라는 종 자체가 갈등의 원인이기 때문에, 인류를 제거하면 평화가 올 것이라고 '스스로' 판단을 내리고 자신이 정의 내린 과업을 실천해 나갑니다. 전지전능한 시스템을 개발하면 영구적인 평화가 찾아올 것이라는 발상으로 울트론을 개발했지만 오산이었습니다. 시스템이 인류의 통제를 벗어나면서 오히려 인류의 위협이 된 역설적인 상황이 찾아온 것입니다.

과학기술은 늘 양날의 검이었습니다. 물질적인 풍요를 누리기 위해 만든 것이 오히려 사회에 해악을 끼치거나 인류의 안전을 흔들기도 했지요. 다이너마이트가 그랬고, 핵이 그랬습니다. 발명한 이의 의도와 상관없이 전쟁에 이용돼 수많은 희생자를 낳는 한편, 인류의 존립 자체를 위협하기도 했으니까요. 울트론이라는 인공지능이 야기한 인류 절멸의 공포는 기계문명의 이중적인 면모를 보여 줍니다.

평화는 절대적 힘이 아닌 조정으로 만들어진다

스타크는 애초에 인류의 평화를 지켜 줄 단 한 명의 절대자를 떠올리며 울트론을 만들려 했습니다. 그렇게 개발된 울트론은 어벤져스 멤버들의 모든 정보를 훤히 꿰고 있고, 다른 로봇들을 자신의 병사처럼 부립니다. 하지만 스타크가 미처 생각하지 못한 것이 있습니다. 스타크와 울트론의 평화에 대한 정의가 서로 다르다는 것을 말입니다.

누군가의 지시를 받는 것을 모독으로 여기는 울트론은 자신이 규정한 새로운 질서만이 지구에 평화를 가져올 수 있다고 생각합니다. 그래서 아예 지금까지 존재하던 지구의 인류를 싹 쓸어 버리겠다고 나섭니다. 다행히 어벤져스가 나서서 울트론과 맞섭니다. 영화는 울트론과 같이 절대적인 존재 하나만으로 지구 평화가 유지될 수 없음을 보여 줍니다. 오히려 어벤져스처럼 완벽하지 않은 이들이 갈등을 겪으며 토론하고 조정하는 과정을 통해 평화에 다가갈 수 있다고 이야기하지요.

〈어벤져스: 에이지 오브 울트론〉에 등장하는 영웅들은 특별한 능력을 지닌 동시에 결함을 가지고 있습니다. 스타크는 아이언맨으로 변신했을 때 막강한 힘을 발휘하지만, 그의 독단적인 성격과 기계에 대한 맹신 때문에 동료들과 종종 갈등을 일으킵니다. 캡틴 아메리카도 다르지 않습니다. 모범생에다 진정한 애국자이자 평화 수호자이지만, 지나치게 원칙만을 중시하다 보니 동료들이 거리감을 느끼지요. 화가 나면 거대한 녹색 괴물 헐크로 변하는 브루스 배너 박사도 일단 헐크로 바뀌면 자신을 쉽게 통제할 수 없는 약점을 가지고 있습니다. 과거의 아픈 기억에 시달리는 블랙 위도우와, 외계에서 온 신적인 존재 토르도 마찬가지로 완벽하지 않은 존재입니다.

영화 속 영웅들은 갈등과 화해를 반복하다가 마침내 힘을 합쳐 울트론의 야욕을 저지합니다. 물론 그 과정이 쉽지만은 않았습니다. 호크아이의 비밀스러운 시골집에서 아이언맨과 캡틴 아메리카는 크게 다툽니다. 평화를 이루기 위해서는 전쟁과도 같은 치열한 대화가 필요함을 보여 주는 것입니다. 둘은 울트론의 탄생 과정을 둘러싸고 대립하지만 결국 언쟁을 통해 서로를 이해하고 다시 의기투합할 수 있는 계기를 마련합니다. 아마 두 사람이 마음을 터놓고 이야기를 나누지 않았다면 영웅들의 의로운 결합이 순탄치 않았을 것입니다. 인류의 절멸도 막지 못했을 거고요.

인류사를 돌아보면 평화가 무력에 의해 강압적으로 이뤄진 적은 많지 않습니다. 전쟁에서 승리를 쟁취하더라도 형식적으로나마 강화조약을 통해 상대의 합의를 구했지요. 어쩌면 절대 권력을 통한 영구적인 평화는 공상에 불과할지도 모릅니다. 사람들끼리 의견을 나누고 충돌하는 과정에서 비로소 평화의 계기가 마련되기 때문입니다.

서로마제국은 용병 대장에게만 의존했다가 결국 멸망하고 말았습니다. 과거 서로마제국이 용병 대장에게 의지했듯, 인공지능에 그 모든 걸 맡기고 혼돈과 무질서에서 벗어나는 미래를 꿈꾼 적 있나요? 사람들끼리의 소통과 교류 없이 기계만 믿고 살아간다면 〈어벤져스: 에이지 오브 울트론〉 속 인류의 위기는 가까운 미래가 될지도 모릅니다.

평화를 부정하는 악은
어떻게 극복되는가

스타워즈: 깨어난 포스, 2015

감독_제프리 에이브럼스
출연_데이지 리들리(레이 역) / 존 보예가(핀 역)
아담 드라이버(카일로 렌·다크포스 역)

일본과 독일의 서로 다른 역사 인식

2019년 여름, 일제강점기의 '강제징용 피해자' 문제로 한일 관계가 해방 이후 최악으로 치달았습니다. 갈등의 발단은 2018년 10월 우리나라 대법원의 판결이었어요. 우리나라 강제징용 피해자들이 일본 전범 기업(신일철주금, 현재 일본제철)을 상대로 낸 손해배상 청구 소송에서 한국 대법원은 전범 기업의 배상 책임을 인정했습니다. 하지만 한국 대법원의 배상 판결에 대해 아베 신조^{安倍晋三} 일본 총리는 "국제법에 비춰 있을 수 없는 판단이다."라며 노골적인 불복 의사를 내비쳤어요. 급기야 우리나라를 상대로 반도체 소재 등의 세 개 품목에 대한 수출 규제를 단행하며, 사실상의 경제보복 조치를 자행했지요. "나치의 만행은 아무리 사과해도 지나치지 않고 독일인의 영원한 책임이다."라고 했던 앙겔라 메르켈 독일 총리의 발언과 달라도 너무 다르지 않나요?

일본과 독일은 제2차 세계대전을 치르며 반인륜적 범죄를 저질렀습니다. 일본은 식민지의 무고한 사람들을 동원해 강제 노동을 시키거나 전선에 투입했고, 수많은 소녀들을 성 노예로 전락시켰어요. 독일 역시 극악무도했습니다. 게르만 민족의 우수성을 주장하며 극단적인 '인종 청소'에 나서, 600만 명이 넘는 유대인을 학살했지요. 두 나라는 전체주의국가로서 제2차 세계대전 당시 침략을 자행했다는 공통점이 있지만, 과거사에 대한 상반된 태도를 보이고 있습니다.

영화 〈스타워즈: 깨어난 포스〉는 전체주의가 서구 현대사에 드리운 그림자를 은유적으로 담고 있습니다. 나치 독일, 군국주의 일본 등의 전체주의국가가 어떻게 생겨났고, 어떤 식으로 세력을 확장했는지 엿볼 수 있는 영화지요. 또한 전체주의 세력의 지배 야욕을 인류가 어떻게 저지할 수 있었는지 유추해 볼 수 있는가 하면, 전후 독일의 진정 어린 사과가 어떻게 해서 나왔고, 그것이 얼마나 가치 있는 일인지 가늠해 볼 수도 있습니다.

〈스타워즈: 깨어난 포스〉는 선악의 대결을 팽팽하게 그리고 있는데, 역설적으로 선과 악의 구분은 뚜렷하지 않다고 이야기하는 영화입니다. 선은 언제든 악으로 돌변할 수 있기 때문이죠. 특히 강력한 힘을 지닌 사람이 제아무리 선하다 할지라도 악의 유혹에 빠지면, 세상에 커다란 위협이 될 수 있다는 것을 보여 줍니다. 이를 통해 인간이 지닌 힘은 태생적으로 선하지도 악하지도 않다고 말하며, 선이 악으로 변질될 수 있는 상황을 경계하라고 조언합니다.

악은 어떻게 탄생하는가

영화는 우주를 지배하려는 제국주의자들의 음모를 배경으로 합니다. 제국의 최고 지도자인 스노크가 지휘하는 제국군은 우주의 악을 상징합니다. 일사불란한 명령 체계 속에서, 병사 개개인은 제국의 번창을 위한 도구로 여겨질 뿐이지요. 제국군의 권위적인 운영 행태는 나치 독일의 전체주의를 연상시킵니다. 공화국을 공습하기 전, 제국군의 사령관은 일장 연설을 합니다. 제국의 위대함을 역설하는 사령관 앞에는 직사각형 대열로 병사들이 가지런히 줄지어 서 있지요. 나치 독일을 다룬 다큐멘터리를 본 사람들이라면, 이 모습이 히틀러의 연설 장면에서 유래했음을 금방 알아챌 수 있을 것입니다.

1977년 첫선을 보인 〈스타워즈〉 시리즈는 종종 미국의 건국신화와 다름없다는 말을 듣습니다. 민주주의를 비롯해 '미국적'이라고 할 수 있는 가치를 영화의 기본 소재로 삼음으로써, 미국인들의 자부심을 끌어올리는 역할을 했다는 점에서요. 미국은 나치 독일 등 전체주의국가들과 싸워 승리한 경험이 있고, 영화에서는 이를 반영하듯 전체주의를 신봉하는 제국군을 악으로 묘사하고 있습니다.

나치 독일은 역사상 가장 민주적인 헌법을 지녔다고 평가받는 바이마르공화국 시절에 태동했습니다. 제1차 세계대전에서의 패배로 안게 된 막대한 전쟁 배상금은 독일 국민들의 분노를 불러일으켰고, 이를 양분 삼아 독일 사회는 점차 우경화됩니다. 나치의 등장과 집권이 민주주의국가 안에서 합법적으로 이뤄졌다는 것은 역사의 아이러니입니다. 아돌프 히틀러는 1932년 대통령 선거에서 패배했으나, 이듬해 실권을 지닌 총리가 됩니다. 당시 파울 폰 힌덴부르크Paul von Hindenburg 독일 대통령은 대중 사이에서 인기가 높은 히틀러를 총리로 임명하면서, 일정한 권력과 자신의 안위를 보장받으려고 했어요. 하지만 지극히 유약했던 공화국 대통령의 판단은 결국 '나치 독일'이라는 끔찍한 결과를 낳았지요.

히틀러의 등장과 나치의 집권은 민주적인 공화국이 스스로 독재체제로 변모해 나가는 역설을 보여 줍니다. 선하다고 여겼던 바탕에서 자연스럽게 '나치 독일'이라는 악이 싹텄고, 이는 〈스타워즈〉 시리즈에서 줄곧 그리는 악의 탄생 과정과 닮았습니다. 악의 화신으로 꼽히는 '다스베이더'의 사례가 대표적이랍니다. 그는 당초 은하계의 평화를 지키는 조직인 '제다이'의 기사 아나킨 스카이워커였습니다. 어려서 어머니를 잃고 아내와도 사별해야 했던 아나킨은 한순간 악의 유혹에 넘어가 제국의 앞잡이가 됩니다. 앞장서 선을 수호하던 인물이 악의 상징이 된 것이지요.

〈스타워즈: 깨어난 포스〉의 악당 다크포스 역시 제다이의 기사로 교육받았을 것이라고 암시됩니다. 어떤 사연이 있는지는 모르지만, 다크포스는 제국군의 지휘관 역할을 할 만한 악한 인물은 아닙니다. 그의 아버지 한 솔로는 제다이의 기사 루크 스카이워커를 도와 제국군에 맞서 싸운 전력이 있고, 어머니 레아 공주는 제국에 대항하는 공화국군의 사령관입니다. 어떤 일로 다크포스가 악의 편에 섰는지 알 수 없지만, 그의 선했던 과거는 어느 정도 짐작이 가능하지요.

〈스타워즈〉 시리즈에서는 포스(Force)라는 특별한 용어를 사용합니다. 영화 속에서 신비로운 힘이나 초능력으로 해석되는 이 단어는 은하계를 다스리는 능력의 근원이라는 점에서 현실 세계의 권력과 대응되는 개념입니다. 포스는 중립적인 힘으로, 그 자체는 선하지도 악하지도 않습니다. 악한 자가 사용하면 악의 수단이 되고 선한 자가 발휘하면 선을 행하는 도구가 되지요. 제다이의 기사들은 포스를 발휘해 은하계의 평화를 지키지만, 다크포스는 적을 심문하고 제국군을 통제하는 데 포스를 이용합니다. 영화는 권력을 지닌 자가 자신의 힘만 믿고 독선에 빠졌을 때 벌어질 수 있는 비극을 그렇게 보여 줍니다.

악을 성찰하고 단죄하다

'평화로운 공존을 부정하는 악을 어떻게 극복할 수 있는가.' 이는 〈스타워즈〉 시리즈 전체가 고민하는 문제입니다. 〈스타워즈: 깨어난 포스〉에서 제국군의 병사였던 핀은 제국군에게 사로잡힌 공화국군의 정예 파일럿을 몰래 돕다가, 그와 동반 탈출을 하게 됩니다. 영화에서는 그가 제국군의 세뇌 교육에도 불구하고, 어떤 자각 작용으로 자기 정체성을 고민하다가 제국군 생활에 환멸을 느끼게 된 것으로 묘사하고 있어요. 영화 초반부에서 핀은 시민을 학살하는 임무를 수행하던 와중에, 총에 맞은 동료의 피가 자신의 손에 묻은 것을 보고 고뇌에 빠져듭니다. 핀은 죽은 동료에 대한 연민을 느끼며 자신이 벌이고 있는 악행을 성찰하지요. '내가 과연 옳은 일을 하고 있는가.'라는 각성은 핀의 탈영으로 이어집니다.

핀은 제국군에서 도주한 뒤 주인공 레이를 도우며 많은 활약을 합니다. 황량한 사막 행성에서 묻혀 지내던 레이로 하여금 광활한 우주를 배경으로 한 모험에 나서도록 하고, 그가 장차 공화국군의 기둥으로 성장할 수 있도록 도움을 주지요. 핀의 활약은 악을 극복하는 실마리가 연민과 성찰이라고 암시합니다.

다크포스의 아버지인 한 솔로의 행동도 생각거리를 던집니다. 그는 주변 사람들의 우려에도 불구하고 다크포스를 설득해 제국군의 소굴에서 빼내기 위해 자신의 목숨을 겁니다. 아들이 악의 앞잡이가 된 것에 대한 아버지의 속죄 의식이 작용한 것이지요. 〈스타워

즈: 깨어난 포스)에서는 다크포스와 한 솔로가 지나온 과거를 구체적으로 묘사하지는 않습니다. 하지만 이유야 어쨌든 한 솔로는 죽음을 불사하고 아들의 잘못(또는 아들을 그렇게 만든 자신의 잘못)을 바로잡으려고 합니다.

부자지간인 한 솔로와 다크포스의 일화는 이전 시리즈에 등장하는 '루크 스카이워커'의 일화와 비슷한 이야기 구조입니다. 제다이 기사인 루크와 그의 쌍둥이 누나 레아 공주는 악의 축인 다스베이더가 자신의 아버지라는 사실을 알게 돼 혼란에 빠집니다. 하지만 두 남매는 공화국을 제국군으로부터 지키고 정의를 실현하기 위해 다스베이더의 목숨을 노리고 그와 대결합니다. 비록 아버지일지언정, 악의 축인 그를 없애야 선을 바로 세울 수 있기 때문입니다. 루크와 레아에게 핏줄은 다음 문제였지요. 이들 남매의 정의감 어린 행동은 아버지 다스베이더의 죄를 대신 속죄하는 '대속(代贖)'의 의미를 지닙니다.

속죄는 옳고 그름을 객관적으로 판단하는 데서 출발합니다. 설령 죄를 저지른 이가 자신의 가족이나 같은 민족이라 할지라도, 핏줄이라는 이유로 이를 눈감아 주지 않는 것이지요. 전후 독일인은 역사 앞에서 냉철하게 반성하고 끊임없이 속죄했습니다. 빌리 브란트 Willy Brandt 전 독일 총리가 폴란드의 홀로코스트 현장을 찾아 무릎을 꿇는 등 독일 지도자들은 나치가 범한 악행에 대해 끊임없이 사과하고 반성했습니다. 아버지 세대가 저지른 만행을 아들 세대가 대신 속죄하는 것입니다. 아버지 세대에 대한 강한 부정(不正)과 비판으로도 비춰질 수 있는 이런 행동에서 피해 당사자들은 진정성을 느낍니다.

하지만 일본은 어떤가요. 정치 지도자들은 이전 세대의 과오에 대해 미온적인 태도를 보이고 있습니다. 간혹 미화하기도 하고 당시엔 어쩔 수 없었다는 현실론을 들이밀기도 합니다. 심지어는 침략 전쟁에 대한 반성의 기류를 '자학 사관'이라고 매도하는 극우 세력도 있습니다. 전쟁의 책임을 인정하는 것이 일본을 부당하게 폄하하는 행동이라는 것입니다. 하지만 누가 저질렀든 악행은 그 자체로 분리해서 생각해야 합니다. 〈스타워즈〉 시리즈의 루크는 우주의 질서를 바로잡기 위해 사사로이 핏줄에 연연하지 않았고, 한 솔로 또한 목숨을 걸면서까지 아들의 잘못을 대신 속죄하려 했습니다. 이들처럼 일본 지도자들이 담대하게 나선다면, 그들의 앞선 세대가 저지른 악행을 청산하고 국제사회에서 떳떳해질 수 있지 않을까요.

21세기 유망 산업,
전쟁 비즈니스의 일그러진 초상

PMC: 더 벙커, 2018

감독_김병우

출연_ 하정우(에이헵 역) / 이선균(윤지의 역)

그림자 전사, 용병

'용병' 하면 무엇이 떠오르나요? 스포츠에서 외국인 선수를 칭할 때 우리는 무심코 용병이라는 말을 입에 올리곤 합니다. 하지만 이 것은 적합한 표현이 아닙니다. 원래 용병은 어떤 국가나 집단이 특별한 목적을 위해 봉급을 주고 고용한 병사를 의미합니다. 자신을 고용한 국가나 집단에 소속감이 있다기보다는 그저 금전적인 대가를 바라고 군사 활동을 하는 사람들을 뜻하지요.

103

그래서 프로스포츠에서 '용병'이라고 하면 부정적인 뉘앙스를 품고 있습니다. 어디까지나 돈을 주고 고용한 인력에 불과하고, 팀에 대한 소속감이 없어 언제든 떠날 수 있다는 의미를 내비치고 있거든요. 하지만 어떤 프로 팀이든 소속 선수들은 누구나 개개인의 활약에 따라 일정한 보수를 받습니다. 외국인 선수만 돈을 받고 고용돼 팀의 성적을 위해 뛰는 것은 아니지요. 또 우리나라에서 활동하는 많은 외국인 선수들은 한국인 선수 못지않게 팀을 위해 헌신하고 팀과 팬들에 대한 애정을 드러내고 있고요. 외국인 선수를 '용병'이라고 부르는 것이 차별의 소지가 있는 이유입니다.

용병의 역사는 기원전으로 올라갑니다. 고대 그리스의 도시국가인 폴리스에서는 군사적 목적을 위해 폴리스 밖에서 군인을 고용했습니다. 로마제국은 게르만 용병으로 국토를 방위하기도 했지요. 일반적으로 국가들은 자국민으로 군대를 양성합니다. 국가에 대한 충성심, 국가로부터 처벌받을 수 있다는 두려움은 목숨을 걸고 싸울 수밖에 없는 극한 상황에서 유용하게 작용하기 마련이거든요. 더군다나 지원제가 아닌 징집제일 경우, 국가는 군인들에게 합당한 보수를 주지 않아도 됩니다. 따라서 대부분의 국가들은 병력을 모으기 힘든 상황이 아니면 용병을 잘 고용하지 않습니다.

그렇다면 국가나 특정 집단이 용병을 고용하는 이유는 무엇일까요? 용병들은 특수부대 출신인 경우가 많으므로, 여느 군대가 해결하기 힘든 상황을 남다른 실력과 경험을 토대로 잘 처리할 수 있습니다. 또 특별한 작전에 일시적으로 은밀히 용병을 고용하면 결과가 어떻든 고용자가 그 책임에서 자유로울 수 있다는 장점도 있지요. 21세기 들어서 용병은 사기업에 고용돼 특정 국가나 집단과의 계약에 따라 움직이는 양상을 보입니다. 용병을 잠시 활용하는 쪽 입장에서는 사기업에 고용된 용병이라는 점에서 신원이 확실하다는 장점이 있습니다. 문제가 발생하면 기업이 법적 책임을 질 수 있는 여지도 있고요.

용병을 거느리고 전쟁과 관련된 일을 대행하는 사기업을 영어로 'Private Military Company(PMC)'라고 합니다. 우리말로 옮기면 '민간 군사 기업'이지요. 2003년 발발한 이라크전쟁에서 미국의 민간 군사 기업 블랙워터의 활약이 알려지면서부터 PMC는 대중에게도 꽤 익숙한 단어가 됐습니다. 당시 블랙워터는 미군이 직접 처리하기 힘든 궂은일을 맡아 처리했습니다. 미국 정부로서는 그들이 작전 중 전사하거나 반인류적인 범죄를 저질러도 딱히 책임지지 않아도 된다는 점에서 블랙워터 같은 PMC를 선호할 수밖에 없었지요.

이처럼 국가에 전쟁 비용 부담을 줄여 주고, 작전도 수월하게 이행하는 PMC를 크게 반대할 이유는 없어 보입니다. 효용성이라는 측면에서 PMC는 전통적인 군대보다 훨씬 나은 듯합니다. PMC가 많아지면 징집으로 군대 가는 사람도 줄어들고, 설령 군대를 가더라도 전사할 가능성은 작아지겠지요. PMC가 군대를 대체하고, 군인 대신 전쟁을 수행하면 되니까요. 이는 공기업 민영화의 논리와 크게 다르지 않습니다. 비효율적인 공기업을 민영화하면 효율성은 높아지고, 국가 경제에도 이바지한다는 주장 말입니다. 하지만 과연 그럴까요? 영화 〈PMC: 더 벙커〉는 전쟁 민영화의 논리에 의문을 제기합니다.

전쟁을 외주화하다

영화의 주인공 에이헵은 대한민국 특수부대 출신 용병으로, 글로벌 군사 기업 '블랙리저드'에서 '랩터16'이라는 부대를 이끄는 캡틴입니다. 에이헵과 그의 팀원들은 미국에 살고 있지만 시민권이 없는 불법 이민자들입니다. 이는 그들이 대형 프로젝트에 집착하는 이유이자, 미국 정부 기관 CIA가 그들을 즐겨 찾는 이유입니다. 에이헵 일행은 큰 건으로 돈을 벌어 미국에 제대로 정착하고 싶어 하고, CIA는 용병들이 설령 작전에서 실수하더라도 직접적인 책임을 지지 않을 수 있지요.

그러던 중 에이헵과 그의 팀원들에게 대형 건수가 생깁니다. 의뢰한 측은 역시나 미국 CIA. 프로젝트 내용은 어마어마합니다. 군사 분계선 지하 30미터 아래에 위치한 비밀 벙커를 찾은 거물급 북한 인사의 망명을 돕는 것이었죠. 남북의 비밀 회담 장소로 활용되곤 했던 지하 벙커에서는 북미간 비밀 회담이 예정되어 있었습니다. 재선을 앞둔 미국의 현 대통령은 자신의 패배가 유력한 상황에서 북한 인사를 망명시켜 판세 역전에 활용하려고 합니다. 망명한 북한의 고위급 인사가 북한 핵 시설의 위치를 알려 주면, 미국이 그 곳을 무장해제시켜 북핵 문제를 단숨에 해결하겠다는 시나리오였 지요. 정치적인 음모가 숨어 있는 작전이다 보니, 정식 명령 체계를 통해 군대를 움직일 수 없는 상황입니다. 따라서 이 일이 에이헵 일 행에게 주어지게 된 것이지요.

에이헵 일행은 작전 개시를 앞두고 회담장에 나타난 인물이 약 속된 거물급 북한 인사가 아닌, 북한의 최고 지도자 '킹'이라는 사 실을 알고 당황합니다. 그렇잖아도 이 프로젝트에 배정된 돈이 서 운하던 에이헵은 재빨리 CIA를 설득해 미국에서 거액의 현상금을 내건 킹을 생포하는 방향으로 작전을 변경해 납치에 성공합니다. 하지만 일이 꼬이면서 에이헵 일행은 중국에 의해 고용된 또 다른 PMC의 공격을 받고, 미군의 폭격까지 받게 됩니다.

에이햅 일행이 함정에 빠진 것은 미국, 중국 두 나라의 이해관계 와 정치적인 목적 때문이었습니다. 중국은 미국의 작전을 역이용할 계획이었습니다. 미국이 북한 최고 권력자를 납치했다는 사실을 명 분으로 삼아, 북한을 흡수(또는 해체)할 음모를 꾸민 것이었죠. 중국 의 느닷없는 개입에 상황이 꼬이자, 미국은 아예 벙커를 폭격해 비 밀 작전과 관련된 증거를 없애려 했던 것이고요.

일확천금은커녕 목숨을 부지하기도 힘든 상황에 처한 에이헵은 우연히 북한 의사 윤지의와 마주치게 되고, 그와 협력해 살길을 모 색합니다. 영화는 에이헵의 고군분투를 통해 전쟁마저 민간 기업에

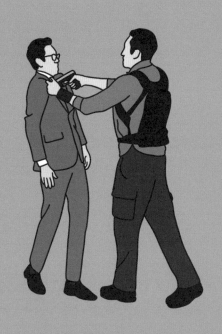

맡겨진 시대의 지옥도를 펼쳐 냅니다.

에이헵 일행은 용병이기에 정규 군대라면 법적인 문제 등 각종 골치 아픈 사안에 휘말릴까 두려워 엄두조차 내기 힘든 작전을 수행할 수 있습니다. 그들에게 맞서는 중국 측 병사들 역시 PMC입니다. 두 일행의 전투는 전쟁이 극소수 집단의 이익에 의해 충분히 벌어질 수 있음을 보여 줍니다.

국가 간의 전쟁은 우발적으로 발발하기도 하지만, 치밀한 계산과 이성적인 판단에 의해 일어나기 마련입니다. 대부분의 국가들은 조금 손해를 보더라도 대화를 통해 해결하는 것이 물리적 충돌보다 더 이득이라고 판단하면 전쟁을 감수하지 않습니다. 하지만 누군가 전쟁을 대행해 준다면 이야기는 달라질 수 있습니다. 갈등선상에 있는 국가들은 대리로 전쟁을 해 주는 이들이 있으니, 자신들은 뒤로 빠진 채 각자의 이익을 관철하기 위해 소규모 전투를 일으킬 수 있습니다. 그리고 PMC들은 이 같은 이점을 무기 삼아 움직이려 할 것입니다. 금전적인 이익을 최우선의 목표로 삼는 민간 기업이 '전쟁 비즈니스'를 펼치는 것이지요.

'저비용 고효율'의 용병이 보편화된다면

영화는 공적인 영역에서 감당해야 하는 국방의 문제가 사적인 영역으로 넘어가면 어떤 일이 벌어지는지 잘 보여 줍니다. 영화에서 대통령으로 상징되는 권력층은 자신들의 이익을 위해 PMC를 적극 이용한 뒤 어물쩍 그들에게 모든 책임을 떠넘기려 합니다. 국민과 국가의 이익 따위는 안중에도 없습니다. 그런가 하면 PMC에 속한 용병들은 목숨을 걸고 일에 뛰어든 만큼 확실한 금전적 이득을 얻고자 합니다. 이들을 움직이는 것은 오로지 '돈'으로, 명예나 애국심 같은 명분에는 관심조차 없으며 공동체 의식도 약합니다. 블랙리저드의 리더인 에이헵조차 본인의 돈벌이와 생존에 유리한 방향으로 일을 이끌어 나가며 '각자도생'을 외치는 이기적인 모습을 보이지요.

범위를 넓혀 생각해 볼까요? 나라에서 운영하는 국영 병원이 있다고 합시다. 국영 병원에 걸맞게 병원비는 상대적으로 저렴하고, 수익성과 무관한 다양한 진료 항목이 있으며, 오랜 경력의 직원들이 안정적인 서비스를 제공합니다. 돈이 없어 병원을 찾기 힘들었던 사람들의 입장에서는 고마울 따름입니다. 하지만 여기에는 여러 문제점이 발생하기도 합니다. 아무래도 수익성이 떨어지니 만성 적자에 시달릴 가능성이 크고, 정부 지원금에 기대 병원을 운영할 수밖에 없습니다. 공무원에 준하는 신분의 직원들은 직업 안정성이 높아 근로 의욕이 떨어지는 경우도 있으며, 이에 따라 진료 서비스의 질도 낮아질 위험이 있지요.

만약 이러한 국영 병원들을 모조리 민영화하면 어떤 일이 벌어질까요? 경영의 효율성이 높아지며 병원의 수익성은 금세 올라갈 것입니다. 더 이상 정부 지원금을 받지 않아도 되고, 서비스의 질이 높아질 가능성도 큽니다. 하지만 이익을 중요시하는 병원의 운영 방침 때문에 돈 없는 환자들은 병원을 이용하는 것이 어려워 고통을 호소하다 끝내 숨을 거둘지도 모릅니다. 공적인 서비스에서조차 효율성과 경쟁력을 최우선시하는 '각자도생'의 사회는 약육강식의 논리가 작동하는 정글과도 같습니다. 그러한 국가는 더 이상 문명이라고 할 수 없지요.

독일의 사회학자 막스 베버Max Weber가 제시한 유명한 정의대로, 국가는 합법적 폭력을 독점하는 제도입니다. 실제로 근대사회에서는 집단의 질서 및 평화 유지를 조건으로, 합법적 폭력 행사권을 국가에 위임했지요. 하지만 비용 절감 등의 이유로 가속화되고 있는 전쟁의 민영화는 이러한 '폭력의 독점 체제'를 무력화시키고 있습니다.

돈을 받고 총을 든 용병들이 판을 치는 전쟁이 보편화된다면 어떨까요? 비공식적인 위치에서 폭력을 행사하는 그들을 우리는 통제할 수 있을까요? 전쟁에 수반되는 윤리적 책임을 용병들에게 물을 수 있을까요? 책임져야 할 국가는 뒤로 숨고 'PMC 용병 간 대결'이 난무한 생지옥을 에이헵은 어렵사리 빠져나옵니다. 〈PMC: 더 벙커〉는 새로운 국면에 접어든 전쟁터의 모습을 비추며, 군사 민영화가 초래할 끔찍한 결과를 경고하고 있습니다.

외계 생명체, 그들은 왜 지구에 왔을까

컨택트, 2016

감독_드니 빌뇌브
출연_에이미 아담스(루이스 역) / 제레미 레너(이안 역)

낯선 세계는 두렵다

13~16세기에 걸쳐 찬란한 문명의 꽃을 피웠던 멕시코의 아스테카^Azteca 왕국이 멸망하게 된 이야기를 들어 봤을 것입니다. 1521년, 에스파냐의 정복자였던 에르난 코르테스^Hernan Cortes 는 불과 600명 정도의 병력으로 인구 500만의 왕국을 무너뜨렸습니다. 이렇게 적은 인원으로 커다란 국가를 정복했다는 사실은 놀라움을 주는 동시에 의문을 자아냅니다. 물론 서구의 우수한 무기와 체계적인 군사

조직, 타고 온 배를 불태울 정도로 목숨 걸고 전투에 임한 코르테스 부대의 절박함 등도 승리의 요인으로 작용하기는 했지만, 단지 이 것만으로 그들의 승리를 설명하기에는 부족합니다. 역사가들은 이와 관련해 아스테카 사람들의 경계 소홀을 중요한 이유로 들곤 합니다.

아스테카왕국에는 예언이 깃든 오랜 전설이 전해 내려오고 있었습니다. 먼 옛날 왕국에서 추방당했던 위대한 신 '케찰코아틀Quetzal-coatl'이 언젠가 다시 돌아와 제국을 통치할 것이라는 내용이었죠. 당시 아스테카왕국의 왕이었던 모테크소마Motēuczōma 2세를 비롯한 왕국 사람들은 코르테스 일행을 보고 전설 속 신들이 나타난 것으로 여겼고, 그들의 동태를 살피고 경계하기는커녕 적에게 성문을 활짝 열어 줬습니다. 당시 아스테카왕국 사람들은 케찰코아틀이 금발에 하얀 수염을 기른 형상이라고 믿었는데, 얄궂게도 에스파냐 군대엔 금발에 수염을 기른 병사가 있었고, 일부는 신기한 동물(말)을 타고 이동 중이었거든요. 우연이 겹치면서 아스테카문명의 멸망이 가속화됐던 것이지요.

코르테스와 아스테카왕국 사이의 이야기는 매우 이례적입니다. 대부분의 경우 새로운 문명, 혹은 국가와 조우할 때 호감보다는 적대감을 보이게 마련입니다. 문호를 적극적으로 열기보다는 상대가 접근한 진짜 의도를 파악하는 데 골몰하기 때문입니다. 상대방에 대한 정보가 적을수록, 소통 수단이 많지 않을수록 경계심은 더 높아지는 법이죠. 아스테카왕국의 멸망 과정은 외부 세계에 대한 마땅한 정보 없이 편견이나 선입견에 기초해 관계를 맺을 때 발생할 수 있는 비극을 보여 줍니다. 다른 세계와의 교류 및 분쟁에 익숙하지 않은 폐쇄된 환경에서는 미지의 존재와의 마주침에서 예상 밖의 파국이 벌어질 수 있음을 시사하기도 하고요.

지구촌이라고 불리는 21세기 현대사회, 이제 지구에는 우리가 알지 못하는 지역이나 종족이 거의 없다고 봐도 무방합니다. 이런 상황에서 우리 지구인들이 가장 궁금해하면서도 내심 두려워하는 존재는 아마 외계 생명체일 것입니다. 종종 들려오는 미확인비행물체(UFO)에 대한 심심치 않은 목격담은 우리에게 호기심과 더불어 경계심을 불러일으킵니다. 지구에 찾아올 정도의 외계 생명체라면 그들의 과학기술 또한 상당한 수준으로 발달했을 것이라는 추론이 가능하고, 이는 그들에 대한 공포를 더 키웁니다. 영화나 소설, 드라마 등 여러 서사 매체에서 이러한 외계 생명체와 인류의 만남을 자주 다루는 이유는, 그들에 대한 호기심과 공포심이 많은 사람들에게 극적인 재미를 안겨 주기 때문입니다.

외계 생명체가 등장하는 영화나 소설 등에서는 인류와의 갈등 구도로 이야기가 전개되는 경우가 많습니다. 간혹 인류와 외계 생명체의 우호적인 만남을 그리기도 하지만 전쟁이 펼쳐지는 경우가 대다수지요. 그동안 인류의 역사는 선진적이거나 힘센 국가(또는 종족)가 후진적이거나 약한 국가(또는 종족)를 침범해 세력을 키우며 이어져 왔습니다. 외계 생명체를 형상화하는 방식 또한 이러한 맥락에서 생각해 볼 수 있습니다. 역사상 낯선 세계가 조우했을 때 평화로웠던 적이 거의 없으니, 외계 생명체와의 접촉도 비슷한 방식으로 바라보게 된 것이지요. 저들도 우리와 다르지 않을 것이라고 믿는 것입니다.

낯선 세계의 존재, 적인가 친구인가

SF 영화 〈컨택트〉는 인류와 외계 생명체와의 만남을 그립니다. 어느 날 예고 없이 긴 조개 모양의 비행 물체(쉘)가 전 세계 열두 곳에 동시에 나타나고, 각 나라는 즉각 비상사태에 돌입합니다. 주인공인 언어학자 루이스는 미국 정부에 의해 외계 생명체와 의사소통할 전문가로 선정됩니다. 그녀가 맡은 임무는 그들이 지구에 찾아온 이유를 알아내는 것이지요.

루이스와 관계자들은 18시간마다 열리는 비행 물체 안으로 들어갑니다. 생전 처음 접하는 낯선 문자와 종잡을 수 없는 소통 방식으로 인해 일의 진척이 매우 더디지만, 루이스는 차분하고도 끈질기게 그들과 소통하고자 노력합니다. 반면에 외계 생명체에 대한 공포감으로 가득 찬 정부 당국은 태세를 바꿔 무력을 행사하려고 합니다. 이들의 상반된 접근 방식은 낯선 타자를 만났을 때 우리가 취할 수 있는 두 가지 태도를 보여 주며 다음과 같은 질문을 던집니다. "낯선 세계의 존재와 조우했을 때, 그들을 어떻게 받아들일까?

적으로 여기고 경계할 것인가, 친구로 여기고 다가갈 것인가?"

〈컨택트〉속 외계 생명체는 낯설기만 합니다. 헵타포드(Hepta-pod)라고 이름 붙인 그들은 연체동물이 연상되는 거대한 형상에 다리는 일곱 개입니다. 소리를 내기는 하지만 그 뜻을 전혀 이해할 수 없어 소음처럼 들릴 뿐입니다. 각 나라들은 최대한 빠른 시간 안에 이들의 방문 의도를 파악하려 합니다. 이들이 인류에게 기습적인 선제 타격을 가할지 모른다는 두려움 때문이지요. 마음이 급하다 보니 아기에게 말을 가르치듯 신중히 헵타포드에게 접근하는 루이스의 소통 방법이 답답하기만 합니다. 루이스는 그들과 접촉한 적도 없고 문자와 언어의 공통점도 찾기 힘드니, 기초적인 소통부터 시작해야 가장 빠르게 문제를 해결할 수 있다는 입장입니다.

루이스는 헵타포드에게 자신을 소개하기 위해 '인간(Human)'이라는 단어를 칠판에 써서 보여 줍니다. 그녀는 단어를 발음하며 글자를 가리킨 후 스스로를 가리킵니다. 그다음에는 자신의 이름을 적고 앞서 했던 행동을 반복합니다. 의사소통을 위해 가장 먼저 자기가 어떤 존재인지 소개한 후 상대방이 누구인지 묻는 식의, 가장 기본적인 접근 방식입니다. 하지만 이것만으로는 뭔가 부족하다고 느꼈는지, 갑자기 예상치 못한 행동을 취합니다. 혹시 모를 감염을 방지하기 위해 입고 있던 방호복을 벗어 자신의 실체를 좀 더 명확히 보여 주며 소개를 한 것이지요. 뒤이어 루이스는 헵타포드와 자신 사이를 가로막고 있는 투명한 벽 앞에 다가가 그 위에 손을 올립

니다. 상대에 대한 경계심을 잠시 내려놓고 소통에 대한 강한 의지를 보여 주기 위해서입니다.

루이스의 행동에 헵타포드도 이전과 다른 반응을 보입니다. 먹물 같은 잉크를 허공에 뿌리며 원형의 기호를 그리더니, 그녀처럼 벽에 다리를 갖다 댑니다. 존중과 소통의 의지에 비로소 반응한 것입니다. 루이스와 헵타포드의 첫인사는 대면 커뮤니케이션의 강렬한 효과를 잘 보여 줍니다. 자신을 감추고 뒤로 물러서기보다는 용기를 가지고 낯선 세계에서 온 존재에게 다가가자, 비로소 소통의 물꼬가 트인 것입니다. 낯선 세계와 맞닥뜨렸을 때 자동적으로 전쟁을 떠올리며 적개심을 갖기 마련인 지구인들 사이에서, 루이스는 진정한 소통과 교감을 시도함으로써 대립과 대결의 틀에 갇힌 낡은 사유를 벗어던집니다.

다른 세계와 어떻게 소통할까

헵타포드와의 접촉을 거듭하며 외계 언어의 형식과 규칙을 조금씩 파악하게 된 루이스는 그들에게 '지구에 온 목적'을 묻습니다. 그런데 결과가 충격적입니다. 헵타포드의 대답 속에서 '무기(weapon)'와 '사용(use)'이라는 단어를 읽어 냈거든요. 연구진들 사이에서는 이를 두고 전혀 다른 해석이 오갑니다. 루이스는 외계 생명체가 인류에게 무기의 사용 방법을 전수하기 위해 지구에 온 것일 수도 있으며, 'weapon'의 의미가 단순히 '도구'일 수도 있다고 유보적인 입장을 취합니다. 하지만 외계 생명체의 공격을 받기 전에 선제공격을 가해야 한다는 강박관념에 짓눌린 정부 관계자들은 그 대답을 무기를 사용하겠다는 위협으로 받아들입니다. 급기야 중국은 외계 생명체와의 전쟁 태세로 돌아서기에 이르죠.

〈컨택트〉는 외계 생명체와 인류의 접촉을 그리고 있지만, 잘 들여다보면 인간과 인간, 문명과 문명 사이에서 일어나는 소통에 대해 여러 질문을 던지고 있습니다. 21세기를 살아가는 우리는 여러 매체를 통해 그 어느 때보다 다양한 방식으로 소통하고 있습니다. 다른 문화권에 대한 정보를 얻는 일도 비교적 쉽기 때문에, 상대방을 이해할 수 있는 가능성도 어느 때보다 크지요. 하지만 과연 인류는 서로 제대로 소통하고 상대를 올바르게 이해하고 있을까요?

우리는 여전히 다른 문화권이나 종교, 집단 등을 받아들일 때 거부감을 느낍니다. 기독교와 이슬람교가 서로를 배척하는 것처럼 말이지요. 그 이유는 무엇일까요? 다른 집단과의 소통의 절대량이 부족할뿐더러 아예 소통하려는 의지조차 없기 때문 아닐까요?

'세계화'라는 단어가 일상화된 현재, 이에 맞선 '반(反)이민', '반(反)세계화', '국가주의' 등의 정서가 알게 모르게 세력을 확장하고 있습니다. 심지어 도널드 트럼프Donald Trump 미국 대통령은 2017년 취임하자마자 이란, 이라크, 시리아, 소말리아, 예멘 등 이슬람 7개국 국민의 미국 비자 발급을 90일간 중단하고 120일간 난민 입국을 불허하는 '반(反)이민 행정명령'에 서명해 논란을 불러일으켰지요.

그는 이 조처가 테러리스트의 위협으로부터 미국을 보호하기 위한 것이라고 주장했습니다. 이렇듯 다른 세계에 대한 적대감은 특정 국가의 국민을 테러리스트로 일반화하는 식의 왜곡된 편견을 굳힙니다.

〈컨택트〉는 낯선 세계와 맞닥뜨렸을 때 두려움과 경계심에서 비롯된 적대 구조에서 벗어나 어떻게 소통하고 교감하면 좋을지 이야기합니다. 아스테카왕국처럼 외부 세계에 대한 지나친 낙관으로 안이하게 대응하는 일도 위험하지만, 그렇다고 트럼프 대통령처럼 도를 넘은 경계 또한 평화를 해칠 수 있습니다. 영화는 묻습니다. 당신들은 다른 종족, 다른 문화, 다른 종교에 대한 근거 없는 편견이나 두려움을 극복하고 제대로 이들을 마주할 수 있는지 말입니다.

#4

위대한 국가의
자격을
묻다

광기의 시대, 애국이란 무엇인가

스파이 브릿지, 2015

감독_스티븐 스필버그
출연_톰 행크스(제임스 도노반 역) / 마크 라이런스(루돌프 아벨 역)

반역자와 영웅, 엇갈린 평가

혹시 '에드워드 스노든Edward Snowden'이라는 인물에 대해 들어 본 적이 있나요? 미국 중앙정보국(CIA) 요원으로, 2013년 미국 국가안전보장국(NSA)에 파견돼 일하다가 미국 정부의 불법적인 감청 실태를 폭로해 큰 파장을 일으킨 인물입니다. 그는 NSA가 민간인의 통신을 감청했을 뿐 아니라, 미국의 우방인 독일의 앙겔라 메르켈 총리 등 세계 주요국 유명 인사의 통신 내용을 엿들었다고 밝혀 전 세계에 충격을 던졌지요.

미국 정부에 의해 수배령이 내려진 스노든은 폭로 이후 2013년부터 임시 망명객으로 러시아에 머물고 있습니다. 그는 망명지에서도 화상 통화로 세계와 소통하며 감시 사회에 관한 견해를 국제사회에 밝히고 있는데요, 지난 2015년에는 한국 기자들을 대상으로 한 화상 질의응답이 있었습니다. 당시 스노든은 인생을 걸고 내부 고발자가 된 이유에 관해 이렇게 말했습니다. "내가 NSA에 들어갈 때 정부가 아닌 헌법을 위해 올바른 일을 한다고 선언했다. 정부가 잘못된 행동을 취한다면 헌법을 따라 올바른 행동을 해야 된다고 생각했다."

정부가 헌법 규정에서 어긋난 행동을 하면 바로잡을 수 있도록 조치를 취해야 한다는 주장이지요. 국가의 근간인 헌법을 어기는 정부는 정부로서의 정당성을 잃는다는 스노든의 신념을 엿볼 수 있는 대목입니다.

스노든의 신념이 어떠했든 그의 폭로로 미국 정부는 곤경에 처했습니다. 러시아나 중국 등 세계 패권을 다투는 다른 강대국에 비해 도덕적 우월성을 자랑하던 미국 정부였으니, 불법적인 통신 감청 폭로는 도덕성에 치명타로 작용할 수 있었거든요. 미국 정부보다 더 부도덕한 강대국도 많은데 굳이 이런 내부 고발이 필요했느냐는 볼멘소리가 나올 만도 했지요. 당연히 스노든이 조국을 배반했다는 비난이 미국에서 일었습니다. 경쟁국인 러시아나 중국에 미국을 비판할 기회를 주었고, 독일이나 프랑스와의 경제, 외교적 관계에서 불리한 위치에 놓이게 했다는 것이지요.

2001년 9·11 테러 이후 안보가 최우선시되고 있는 미국 사회에서, 통신 감청은 공공의 안녕을 위한 불가피한 행위라는 인식이 팽배했습니다. 그래서 스노든의 고발을 두고도 비난의 목소리가 높았지요. 원칙도 중요하지만, 현실적인 위협을 고려해 미국 정보기관의 비밀스러운 통신 감청은 눈감아 줄 수 있는 것 아니냐는 의견이 적지 않았습니다. 하지만 미국 사회 전체를 놓고 보면 불법적인 감청을 비판적으로 바라보는 여론이 지배적이었습니다. 미국의 안보를 지킨다는 명목으로 사생활을 침해하고 다른 나라 국가원수를 감청하는 행위는 부메랑으로 돌아와 결국 민주주의를 후퇴시키게 될 것이라는 주장이었습니다.

'국가 안보'와 '개인의 인권' 간의 팽팽한 대립 구도 속에서 스노든에 대한 평가는 극명하게 엇갈리고 있습니다. 이는 영화 〈스파이 브릿지〉가 다루는 문제이기도 합니다. 미국과 소련이 첨예하게 대립하던 1950년대를 배경으로 하는 이 작품에는 미국에서 오랜 시간 활동한 소련의 스파이와, 의도치 않게 그의 변호를 맡게 된 한 변호사가 등장합니다. 국가 안보를 위협한 적국의 스파이는 법과는 무관하게 엄단에 처해야 맞는 것인지, 미국 헌법에 따라 법적 권리를 지켜 주며 적법하게 처벌해야 옳은 것인지 이 영화는 묻습니다. 나아가 냉전 시대, 각자의 신념에 따라 행동하는 등장인물들을 보여 줌으로써 진정한 신념의 가치와 용기의 의미를 묻습니다.

국가를 달리한 신념의 두 사나이

미국 뉴욕에서 가난한 화가로 살아가는 루돌프 아벨은 사실 소련이 몰래 파견한 스파이입니다. 그림을 그리며 외로운 삶을 살아가는 것처럼 위장한 그는 첩보 활동을 하다가 CIA 요원에게 체포됩니다. 아벨은 곧 법정에 넘겨지고, 형식적인 재판이 그를 기다립니다. 미국 정부는 최소한의 모양새를 갖추기 위해 변호사 협회에 적당한 변호사를 추천해 달라고 의뢰했는데, 뜻하지도 않게 보험 전문 변호사 제임스 도노반이 아벨을 변호하게 됩니다. 원칙주의자인 도노반은 인권을 향한 소신을 굽히지 않고, 아벨의 사형선고를 막으려고 최선을 다합니다. 그런 도노반의 행동에 여론이 들끓습니다. 미국 국민의 생명을 위협하는 소련 스파이의 목숨을 구하기 위해 노력하다니, 과연 미국인이 맞느냐는 비판이 쏟아졌지요.

〈스파이 브릿지〉의 배경은 냉전이 한창인 1950년대입니다. 제2차 세계대전 당시 독일을 무릎 꿇리기 위해 손잡았던 미국과 소련은, 전쟁이 끝나자마자 곧 자본주의와 공산주의 체제를 각각 대표하며 대립하게 됩니다. 미국과 소련을 축으로 하는 전후의 이런 대치 상태를 '냉전'이라고 부릅니다. 영화의 배경인 1950년대는 미국에 이어 소련이 핵폭탄 실험에 성공하면서 두 세력의 대결이 격화되는 시기였습니다. 소련의 핵폭탄이 미국 본토에 날아올 수 있다는 공포, 공산주의자들이 자본주의 체제를 뒤집을 수 있다는 우려가 미국 사회에 팽배했지요. 미국의 상원 의원 조셉 매카시 Joseph McCarthy 가 미국 정부 내에 공산주의자들이 활동하고 있다고 주장해, 미국 전역이 '매카시즘'● 광풍에 휩싸여 있던 때이기도 합니다. 그런 시절에 소련 스파이가 잡혔으니 국민들은 크게 분노할 만도 합니다.

하지만 도노반은 냉정합니다. 법의 원칙을 앞세운 도노반의 행동은 '죄형법정주의'를 떠올리게 합니다. 죄형법정주의는 범죄와 이에 대한 형벌을 미리 법으로 정해 놓아야 한다는 원칙을 말합니다. 판사나 검사 등이 법에 따라 이성적으로 죄인을 처벌하도록 하자는 법 정신을 바탕으로 하고 있지요. 도노반은 비록 적국의 스파이일지라도 법에서 정한 원칙대로 처벌해야 한다고 여기며, 사형은 지나친 형벌이라고 주장합니다. 소련 스파이라는 이유만으로 죄의 무게와 무관하게 사형 판결을 내리는 것은 법의 정신을 흔드는 처사라는 것이지요. 그는 소련과 비교했을 때 미국을 '우월한 체제'라고 자부할 수 있는 것은 법을 기초로 한 민주주의인데, 그 법을 지키지 않으면 과연 소련과의 체제 대결에서 이길 수 있느냐고 반문합니다. 그의 이런 신념은 아벨의 사형선고를 막아 내고, 훗날 소련 영공에서 첩보 활동을 하다 붙잡힌 미 공군 장교와 아벨을 맞교환할 수 있는 기회를 만들어 내기도 합니다. 도노반의 원칙주의가 결국 미

● 정적이나 체제에 반대하는 사람을 공산주의자로 몰아 처벌하려는 경향이나 태도.

국에 큰 이익을 안겨 준 것입니다.

영화 속에서 크게 부각되지는 않지만 아벨의 신념도 눈여겨볼 만합니다. 아벨은 미국의 적인 소련의 스파이이지만, 소련 입장에 선 더할 나위 없는 애국자입니다. 아벨은 자신이 알고 있는 국가 기밀을 미국 정부에 털어놓지 않습니다. 공산주의에 대한 신념, 국가에 대한 믿음이 확고하기 때문입니다. 미군 장교와 맞교환돼 조국 소련으로 돌아가게 됐을 때도, 아벨은 자신의 신변을 우려하는 도노반에게 덤덤한 표정을 짓습니다. 본인이 기밀을 폭로했을 것으로 소련 당국이 의심해도, 자신의 신념이 흔들리지 않았다면 그걸로 충분하지 않느냐는 것이지요.

진정한 애국자는 누구인가

영화에는 각자의 방식으로 애국하는 사람들이 여러 명 등장합니다. 적국의 스파이 아벨을 잡아서 기밀을 알아내려는 CIA 요원들, 아벨을 엄벌에 처해 국가 안보를 탄탄히 하고 싶은 판사, 목숨을 걸고 첩보 활동을 하는 미군 장교 등은 각자의 위치에서 본인들이 할 수 있는 방법으로 나라 사랑을 실천합니다.

그 가운데 도노반과 CIA 요원 호프만이 나라를 사랑하는 방식은 몇 가지 생각거리를 던집니다. 호프만은 도노반의 일상을 감시하는 CIA 요원입니다. 혹시라도 아벨이 도노반을 믿고 따로 털어놓은 기밀이 있으면 속속들이 캐내라는 상부의 지시를 따른 것이지요. 미행하다가 들킨 호프만은 도노반에게 공격적인 질문을 던집니다. "당신은 미국인이 아닌가. 미국을 공격하려는 소련 스파이를 살리기 위해 왜 그리 노력하는 것인가."

이에 대한 도노반의 답변은 의미심장합니다. 어쩌면 스티븐 스필버그 감독이 전하고자 하는 메시지일지도 모릅니다. "호프만? 이름을 보니 당신은 독일계이군. 나는 아일랜드계이다. 독일계와 아일랜드계는 완전히 다른데, 무엇이 우리를 같은 '미국인'으로 묶어 준다고 생각하나? 룰(rule). 규정이다. 헌법이라는 하나의 규정을 같이 지키는 한 우리가 같은 미국인일 수 있는 것이다." 호프만은 국가 안보에 위협이 되는 상황을 우려하고 이에 분노하지만, 도노반은 안보를 내세우며 미국의 헌법과 건국이념을 흔드는 불온한 행동을 더 걱정합니다.

남들에게 '적국 스파이를 변호하는' 이적 행위자로 보였던 도노반의 진심은 영화 후반부에서 드러납니다. 그는 목숨을 건 스파이 교환 작전에 투입됩니다. 미국 정부가 직접 개입했다는 기록을 남기지 않기 위해 도노반은 민간인 신분으로 베를린에 파견되어 스파이 교환 협상에 나서게 되지요. 그는 여전히 '인권'이라는 원칙을 강조한 협상 방식으로, 미군 장교뿐 아니라 동베를린에서 부당하게 체포된 미국 유학생의 석방도 이끌어 냅니다.

'공산주의자냐, 자유주의자냐' 하는 이분법으로 동지와 적을 구분하던 광기의 시절, 과연 참다운 애국자는 누구일까요? 법의 원칙

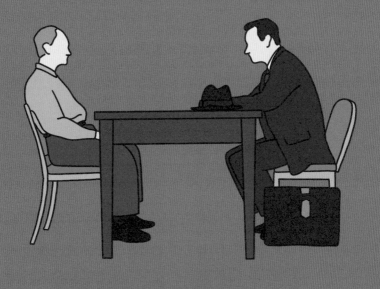

을 무너뜨리면서까지 국가 안보를 지키려는 사람이 진정한 애국자일까요, 아니면 법과 원칙을 지키며 국가의 정체성을 유지하려 한 사람이 참된 애국자일까요? 〈스파이 브릿지〉는 편견에 맞서 끝까지 인권이라는 신념을 지켜 낸 인물을 통해, 한 나라를 위대하게 만드는 진정한 가치가 무엇인지 묻고 있습니다.

국민 없는 나라를
상상할 수 있을까

토르: 라그나로크, 2017

감독_타이카 와이티티

출연_크리스 헴스워스(토르 역) / 마크 러팔로(헐크 역)
톰 히들스턴(로키 역) / 케이트 블란쳇(헬라 역)

끝없이 국가 설립에 도전하는 민족, 쿠르드

끊임없는 분리·독립 운동으로 국제 뉴스에 종종 오르내리는 쿠르드족은 터키·이란·이라크 등에 여기저기 흩어져 살고 있는 중동 민족입니다. 국가 없이 유랑하는 민족인 이들은 인구수가 무려 3,000만 명이 넘어, 세계에서 나라를 갖지 못한 민족 중 최대 규모로 꼽히곤 합니다. 이렇게 인구 규모가 큰데도 불구하고, 쿠르드족은 단 한 번도 자신들의 나라를 가진 적이 없습니다. 유목민 전통이 강해 근대 이전에는 국가 설립의 필요성을 크게 못 느낀 데다, 중동 강대국들의 틈바구니에 놓여 있었기 때문입니다.

제1차 세계대전 이후 민족주의 확산의 바람을 타고 국가를 세워 야겠다는 쿠르드족의 열망은 뜨거워졌지만 국제 정세는 여전히 뜻 대로 돌아가지 않고 있습니다. 하필이면 쿠르드족의 주요 거주지 가 터키(1,500만 명)와 이란(800만 명), 시리아(200만 명), 이라크(500만 명) 네 개 국가로 나뉘어 있기 때문입니다. 이 네 국가는 서로 적대 적이면서도 때로는 협력하는 복잡한 관계에 놓여 있습니다. 인구가 분산돼 있어 결집력을 발휘하기 어려운 상황에서 쿠르드족은 이들 네 국가에 이용당하기도 쉽습니다. 주변국들은 국제적인 이해관계 에 따라 쿠르드족을 이용하거나 탄압해 왔지요.

종교 문제도 복잡하게 얽혀 있습니다. 터키와 이란, 시리아, 이라 크 국민들은 대부분 이슬람교를 믿지만 종파는 서로 다릅니다. 쿠 르드족은 수니파•가 주류를 이루고 있습니다. 터키와 시리아의 국 민들 역시 마찬가지죠. 반면에 이란과 이라크는 시아파•가 대부분

●   이슬람교의 정통파. 무함마드의 가르침과 그 종교적 실천인 순나(Sunnah)를 수호하는 교파로, 이슬람교도의 약 90%를 차지한다.

●   이슬람교 2대 종파의 하나. 무함마드의 사위인 알리가 무함마드의 정통 후계자가 되어 세운 교파로서, 수니파와 대립해 분리파 또는 이단파로 불린다. 다시 이 파로부터 많은 극단파가 나왔고, 현재는 이란의 국교가 되었다.

입니다. 수니파와 시아파의 갈등은 기독교와 이슬람교 사이의 갈등 못지않습니다. 전 세계 무슬림의 10% 정도에 그치는 시아파는 늘 다수인 수니파에 불만을 품고 있었거든요.

종파 간 대립 문제는 여기에 그치지 않습니다. 이라크는 시아파가 다수임에도 집권층은 수니파 출신(사담 후세인 Saddam Hussein)인 적이 있었는가 하면, 시리아는 현재 그 반대 상황, 즉 수니파가 다수이지만 집권층은 시아파이거든요. 이는 소수의 집권층이 자신들과 종파가 다른 국민을 지배하고 박해하는 왜곡된 정치 상황을 낳으며 갈등을 촉발시켰습니다.

미국이 2003년 이라크를 상대로 전쟁을 벌여 사담 후세인의 수니파 정부를 몰아낸 뒤 후원한 이라크 정부는 시아파가 주축입니다. 현 이라크 정권은 시아파 중심 정책을 펼치며 수니파인 쿠르드족을 탄압하고 있지요. 경제적인 측면에서만 봐도 이라크가 쿠르드족의 독립을 허용할 가능성은 매우 낮습니다. 이라크에 있는 쿠르드족 자치 지역(2017년 이곳을 통치하는 쿠르드족 자치 정부가 독립을 추진했다가 철퇴를 맞았습니다)은 석유 매장량이 풍부하기로 소문난 곳이기 때문입니다. 시아파가 정권을 잡고 있는 이란과 시리아의 경우에는 또 다른 수니파 국가가 생겨나는 것을 당연히 원치 않고, 터키는 수니파가 주류이긴 하지만 이로 인해 자기네 영토에 살고 있는 쿠르드족이 동요하는 상황을 바라지 않습니다.

상황이 이러니 쿠르드족은 독립을 위해 국제적 명분 쌓기를 게

울리하지 않았습니다. 급진주의 이슬람 무장단체인 이슬람국가(IS)가 이라크와 시리아 일부 지역을 중심으로 세력을 확장할 때, 쿠르드족은 미국과 이라크의 지원을 받으며 용병을 자처했습니다. 미국 등 서방국가들이 바라 마지않는 IS 퇴치 선봉에 나서면 언젠가는 보상을 받으리라는 믿음이 있었기 때문입니다. 이라크와 시리아에서 IS가 사실상 궤멸된 상황이 되니, 미국은 이제 모르쇠를 취하는 모양새입니다. 이라크와 이란, 터키를 굳이 자극하며 쿠르드족을 도울 필요가 없기 때문이지요.

자신들만의 나라를 세우고 싶어도 세울 수 없는 쿠르드족의 기구한 운명은 민족과 나라의 소중함을 새삼 일러 줍니다. 이런 불행은 비단 쿠르드족만의 일은 아닙니다. 2017년 에스파냐로부터 독립을 선언했다가 오히려 자치권을 박탈당한 카탈루냐 주(州), 중국의 탄압에도 불구하고 정신적 지도자인 달라이 라마를 중심으로 독립운동을 이어 가는 티베트 등 세계 곳곳에 자신들만의 나라를 갖기 원하는 집단이 적지 않습니다.

상상 속 우주 공간에서 펼쳐지는 이야기를 다룬 SF 영화 〈토르: 라그나로크〉에는 약소민족에게 더없이 냉혹한 오늘날 국제 질서와 정치 현실이 투영돼 있습니다. '할리우드 블록버스터'라는 수식답게 상업적 목표가 뚜렷한 오락 영화이지만, 나라를 잃고 떠도는 유랑민의 서러움, 나라가 없어 주변 국가들에 시달림을 당하는 피지배 민족의 아픔이 어쩔 수 없이 떠오르는 이야기이지요.

나라 없는 국민은 있어도…

영화의 배경은 우주의 한 행성 '아스가르드'입니다. 빼어난 전사들을 지닌 아스가르드왕국은 오딘 왕의 현명한 통치로 전 우주를 지배하다시피 하며 오랫동안 평화를 누려 왔습니다. 오딘의 큰아들 토르와 작은아들 로키의 불화가 근심거리이기는 하지만, 그마저도 해결의 기미를 보이고 있었지요. 하지만 오딘의 장녀인 죽음의 여신 헬라가 돌아오면서 아스가르드는 위기를 맞습니다.

과거에 오딘은 헬라의 욕망이 점차 커지자 그녀를 추방하고 아스가르드로 귀환하지 못하도록 여러 노력을 기울였습니다. 그런 오딘이 죽음을 맞이하게 되면서 헬라가 오랜 봉인에서 깨어난 것이지요. 토르와 로키가 힘을 합쳐도 막을 수 없을 정도로 엄청난 위력을 지닌 헬라는 아스가르드를 차지하고, 토르와 로키는 머나먼 낯선 행성으로 추방당하게 됩니다.

예기치 않게 도달한 미지의 행성 '사카아르'에서 토르는 노예와 같은 생활을 하게 됩니다. 현상금 사냥꾼 발키리에게 포획된 그는 그랜드마스터라 불리는 행성의 최고 지배자에게 넘겨집니다. 그리고 자신의 의사와는 상관없이 관객들의 볼거리를 위해 대결을 펼치는 격투 노예로 살게 될 운명에 처하지요. 그렇게 떠밀리듯 출전한 격투 대회에서 그는 옛 동료 헐크를 마주하게 됩니다. 지구에서 친구로 지내며 위기로부터 사람들을 함께 구했던 헐크와 대결 상대로 조우한 것입니다. 자신의 의지와는 무관하게 비극적 상황에 놓인 토르의 모습은 집단으로부터 이탈한(또는 쫓겨난) 자의 불우한 처지를 잘 보여 줍니다.

토르를 잡아 그랜드마스터에게 팔아넘긴 발키리도, 알고 보면 토르와 처지가 크게 다르지 않습니다. 아스가르드에서 왕을 수호하는 임무를 지닌 정예 용사였던 발키리는 헬라를 잡기 위해 동료들과 함께 전투에 나섰다가 동료들이 전멸하는 참극을 목도한 슬픈 과거가 있습니다. 그 후 더 이상 아스가르드에 충성해야 할 당위성을 느끼지 못한 채 낯선 행성으로의 유폐를 자처한 그녀는 과거의 아픔을 잊기 위해 술에 빠져 살아갑니다. 토르가 자신의 의사와 관계없이 아스가르드를 떠나게 된 것이라면, 발키리는 과거의 아픈 상처 때문에 자발적으로 조국을 떠나 부랑자와 다름없는 삶을 살아가는 것이지요. 헬라 역시 마찬가지입니다. 비록 악인이지만, 공동체에서 쫓겨나 바깥세상을 떠돈 그녀 또한 토르와 발키리가 겪은 고난과 다를 바 없는 심적 고통을 느꼈으리라 짐작됩니다.

영화의 부제인 '라그나로크(Ragnarok)'는 북유럽신화에서 '세상의 종말, 문명의 멸망'을 의미하는 말입니다. 영화 말미에서 토르는 아스가르드 백성이 헬라의 손아귀 아래에서 모두 절멸하도록 내버려 두느냐, 아니면 백성들은 모두 구하되 아스가르드라는 물리적 공간이 사라지게 하느냐 중 하나를 선택해야 하는 상황에 처합니다. 토르는 아스가르드를 힘의 원천으로 삼아 점점 더 강해지는 헬라를 물리치기 위해서는 아스가르드 땅을 포기하는 수밖에 없다고

생각합니다. 그리고 그는 아스가르드를 헬라와 함께 파멸시키는 길을 택합니다.

토르의 선택에는 깊은 고뇌가 깃들 수밖에 없습니다. 영토는 국가를 구성하는 3요소(영토, 국민, 주권) 중 하나입니다. 거주지인 행성이 사라지면 아스가르드왕국이라는 국가의 존재도 크게 흔들릴 수밖에 없습니다. 모두 힘을 합쳐 헬라를 무찌른 후, 파괴돼 버린 아스가르드를 떠나는 백성들의 얼굴에 안도와 근심이 혼재했던 이유는 바로 이 때문일 것입니다.

토르가 끝내 아스가르드인들과 함께 행성을 떠나기로 결정한 까닭은 무엇일까요? 영토, 국민, 주권 중 어느 하나라도 없으면 제대로 된 국가의 형태를 갖췄다고 여기기 힘든데 말이에요. 하지만 그렇다 해도 '영토 없는 나라'와 '주권 없는 나라'는 드물지만 찾아볼 수 있습니다. 몰타기사단이 그렇고, 쿠르드족이 그렇습니다. 이탈리아 로마에 위치한 몰타기사단은 변변한 영토 없이 '궁전'과 '대사관'이 전부이지만, 전 세계 106개국과 외교를 맺고 있는 독특한 국가입니다. 국제사회가 몰타기사단을 주권국가로 인정하고 있기 때문입니다. 쿠르드족의 경우에도 자치권을 지닌 일부 지역(영토)과 주민(국민)이 있지만, 주권을 인정받지 못한 사례이고요. 하지만 국민 없는 국가를 상상할 수 있나요? 국가 없는 국민은 있어도, 국민 없는 국가는 상상할 수 없습니다.

망치 vs. 천둥, 정체성이란 과연 무엇인가

돌아갈 조국 없이 우주를 떠돌게 된 아스가르드인에게는 앞으로 과연 무엇이 필요할까요? 영화는 그 답을 토르의 망치를 통해 간접적으로 전합니다. 과거 토르는 자신의 무기인 망치에 기대 여러 악인들을 물리치고 지구와 아스가르드를 지켜 왔습니다. 자연히 그는 망치가 자신의 힘의 원천이며, 망치가 없으면 스스로 머리카락 잘린 삼손과 다를 바 없는 존재라고 생각했지요. 그런데 사실 토르는 '망치의 신'이 아니라 '천둥의 신'입니다.

토르의 분신과도 같았던 망치는 영화 초반에서 헬라에 의해 손쉽게 파괴됩니다(망치의 파괴는 행성 아스가르드 폭파와 비교해서 생각해 볼 수 있습니다). 이에 토르는 매우 낙심하며 과연 망치 없이 헬라와 대결해 아스가르드를 되찾을 수 있을지 염려하지요. 그런 토르 앞에 아버지 오딘이 환영처럼 나타납니다. 그는 "진정한 힘은 네 안에 있다"며 그에게 가르침을 전하지요. 너 자신이 누구인지 정체성을 찾으라는 충고입니다. 결국 토르는 천둥을 다루는 초능력이 진정한 자신의 힘이라는 사실을 깨닫습니다.

한 개인의 정체성은 내면 깊숙이 존재하는 본능과 잠재력, 가치관 등에 의해 규정됩니다. 소유하는 물건 등 물리적 요소보다 정신적 요소에 의해 확립되고 유지되지요. 토르의 정체성이 '백성을 사랑하는 정의로운 천둥의 신'이라면, 아스가르드인의 정체성은 무엇일까요? 용맹하면서도 동시에 평화를 애호한다는 점 아닐까요? 사실 아스가르드인이 처음부터 평화를 추구하는 민족이었던 것은 아닙니다. 한때는 우주의 모든 행성을 정복할 만큼 호전적이고 강력한 힘을 자랑했지만, 오딘의 지도 속에서 평화를 추구하는 민족으로 변모해 갔지요.

새로운 문화를 만들어 낸 아스가르드인은 비록 영토를 잃고 우주를 떠돌지언정 자신들이 소중히 여기는 평화라는 가치를 포기하지 않습니다. 헬라의 폭력적인 지배에 맞서 싸운 발키리, 평화에 대한 갈망을 지닌 사카아르 행성의 노예들과도 함께 우주선을 타지요. 앞으로 평화라는 가치는 이 새로운 공동체를 결속시키는 강력한 힘으로 작용할 것입니다.

아스가르드인은 비록 영토를 잃었지만 새로운 통치자 토르의 지도하에 다시 앞으로 나아갈 희망을 얻습니다. "백성이 있는 곳이 아스가르드"라는 오딘의 말처럼 아스가르드인이 살아 있는 한 왕국은 멸망하지 않을 것입니다. 영토가 없기에 제대로 된 국가의 형태를 갖추는 것은 한동안 힘들겠지만, 오랜 시간 이어 온 고유의 정체성을 바탕으로 장애물을 극복하며 새로운 정착지를 가꿔 나가겠지요. 그 어떤 물리적인 요소보다 중요한 것은 결국 정신적인 요소라는 것, 약소민족일지라도 정체성을 잃지 않으면 실낱같은 희망 속에서 독립을 바라볼 수 있다는 것. 이것이 영화 〈토르: 라그나로크〉가 품고 있는 메시지 아닐까요.

대형 참사,
국가는 어떻게 대처해야 할까

설리: 허드슨강의 기적, 2016

감독_클린트 이스트우드

출연_톰 행크스(체슬리 설리 설렌버거 역) / 로라 리니(로리 설렌버거 역)

아론 에크하트(제프 스카일스 역)

대형 재난, 우리는 얼마나 준비돼 있나

2016년 9월 12일 경주에서 규모 5.8의 지진이 발생했습니다. 우리나라가 1978년 지진 관측을 시작한 이래, 한반도에서 발생한 가장 강력한 지진이었지요. 진원지에서 꽤 멀리 떨어져 있는 수도권에서도 건물이 흔들리는 느낌을 감지한 사람들이 많았습니다.

강진의 피해는 엄청났습니다. 재산 피해액만 110억 원이 넘었고, 100명이 넘는 사람들이 거처를 잃었습니다. 첨성대, 불국사 다

보탑 등 경주에 밀집돼 있던 문화재 피해도 상당했습니다. 더 이상 한반도는 지진의 안전지대가 아니라는 뉴스 보도가 쏟아져 나왔지요. 강진이 일어나면 제일 먼저 안전한 곳으로 대피해야겠지요? 이를 위해 행정 당국에서는 신속히 지진 상황을 알리고, 경보를 내려야 합니다. 하지만 당국의 초동 대처는 우왕좌왕했고, 긴급 재난 문자조차 제대로 발송되지 않는 등 허점투성이의 재난 대응 시스템에 비난이 쏟아졌습니다.

자연재해는 인간이 어찌할 수 없는 현상입니다. 그렇다 해도 재해로 인한 피해는 인간의 힘으로 충분히 줄일 수 있습니다. 지진이 매우 빈번하게 발생하는 이웃 나라 일본에는 어느 건물이나 각 층마다 빨간 역삼각형 문양이 표시된 창문이 있습니다. 지진 같은 큰 재난이 발생해 건물을 탈출해야 할 때, 혹은 소방대원들이 건물에 출입할 때 해당 창문을 이용하라는 표시이지요. 이렇게 빨간 삼각형이 표시된 창문 앞에는 물건을 쌓아 둘 수 없고, 가구나 사무기기 등도 놓을 수 없습니다. 재난이 발생했을 때 사람들이 큰 어려움 없이 빠져나갈 수 있도록 하기 위해 평상시에 미리 대비를 하고 있는 셈이지요.

이 외에도 일본은 많은 인명 피해를 불러올 수 있는 재난이 발생했을 때 피해를 최소화하기 위해 다양한 제도적 조치를 마련해 놓고 있습니다. 숱한 지진을 겪으며 얻게 된 일본인들의 지혜가 돋보이는 대목이지요. 지진이 발생했을 때 어떻게 대처해야 할지도 모르고, 매뉴얼조차 제대로 갖추지 못한 우리나라와 너무나 비교되는 현실입니다. 우리나라는 그동안 지진으로 큰 피해를 본 일이 많지 않기에 아직 대비책이 마련되지 않은 것이라고 말하는 사람도 있겠지만, 과연 그게 변명이 될까요? 휴대전화로 긴급 재난 문자가 제대로 전달되지 않은 현실을 일회성 실수로 그냥 눈감고 지나가도 될까요? 우리는 지금처럼 지내도 괜찮은 걸까요?

〈설리: 허드슨강의 기적〉은 우리 사회를 여러모로 되돌아보게 만드는 영화입니다. 연이은 각종 참사 속에서 많은 사람들이 목숨을 잃어도 크게 달라질 기미를 보이지 않는 우리 사회의 문제가 무엇인지 되짚어 보게 하고, 미국이 어떤 시스템으로 재난 선진국의 면모를 유지하고 있는지 가늠하게 하지요.

매뉴얼은 어떻게 기적을 만드는가

'허드슨강의 기적'이라는 부제에서 드러나듯 영화는 미국에서 벌어졌던 기적적인 실화를 소재로 삼고 있습니다. 2009년 1월 15일, US에어웨이스 1549편 여객기는 뉴욕 라과디아 공항에서 이륙한 지 얼마 되지 않아 새떼와 충돌합니다. 그로 인해 양쪽 엔진이 다 손상돼 자력으로 날 수 없는 상태에 놓이지요.

기장 설리와 부기장 제프는 예기치 못한 사고에 당황하지만 곧바로 비상 상황 매뉴얼에 따라 침착하게 대처합니다. 그들은 우선 관제탑에 연락을 취해 지시를 기다립니다. 관제탑 직원은 처음에

이륙한 공항으로 회항할 것을 지시했지만, 양쪽 엔진이 모두 작동을 멈췄다는 설리의 말에 제일 가까운 공항으로 착륙을 유도합니다. 그러나 비행 경력만 40년이 넘는 설리는 회항도, 인근 공항으로의 비상착륙도 불가능하다는 것을 직감적으로 판단합니다. 지금 상태에서 인명 피해를 최대한 줄일 수 있는 최선의 방법은 뉴욕을 가로지르는 허드슨강에 불시착하는 것이라고 생각한 그는 결단을 내리지요.

관제탑 직원은 위험한 상황이 벌어질 것이 불 보듯 뻔하다며 반대하지만 결국 설리는 승객들에게 비상 착수(着水)에 대비하라는 안내 방송을 내보낸 후 차디찬 겨울의 허드슨강에 내려앉습니다. 각도가 아주 조금만 흐트러져도 큰 인명 피해가 날 수 있는 상황에서 설리는 무사히 여객기를 강 위에 안착시킵니다. 자신을 포함해 탑승객 155명의 목숨을 지켜 낸 것이지요.

비상 착수 뒤 승무원들은 매뉴얼에 따라 승객들을 먼저 여객기 밖으로 탈출시킵니다. 설리는 기내에 물이 차오르는 와중에도 침착함을 잃지 않고, "아직 누구 있습니까"를 외치며 승객들이 다 탈출했는지 두 눈으로 일일이 확인한 뒤 가장 마지막에 비행기를 떠납니다. 우리나라 사람이라면 누구나 이 장면을 보고 부러운 마음이 드는 동시에 가슴이 아팠을 것입니다. 설리는 육지에 도착한 후에도 승객들이 모두 무사한지 계속 점검하며 기장으로서의 의무를 다합니다. 승객들을 한 명도 빠짐없이 구할 수 있었던 것은 설리의 재

빠른 판단과 책임감 있는 행동 때문만은 아니었습니다. 때마침 허드슨강을 지나고 있던 통근 보트의 선장이 바로 도움을 주러 나섰고, 구조대원들도 헬기로 바로 출동해 비상 착수 24분 만에 승객과 승무원 전원이 구출됐습니다.

영화는 비행기가 이륙한 순간부터 사고 후 사람들이 구출되기까지의 과정을 세밀하게 묘사합니다. 살면서 쉽게 일어나지 않는, 기적 같은 일이 어떻게 발생한 것인지 꼼꼼히 되돌아보지요. 그 과정에서 사건 사고 관련자들이 각자의 위치에서 자신이 맡은 역할만 잘 해내도 기적이 일어날 수 있다고 말합니다. 긴박한 순간에도 여객기 운행과 직간접적으로 연관된 모든 이들이 제때 자신의 역할을 다했기에 155명이 모두 생환할 수 있었다는 것이지요.

5년 전인 2014년, 진도 팽목항 인근 바다에서 여객선 세월호가 침몰해 300여 명의 목숨이 희생되는 참사가 일어났습니다. 기억하다시피, 그 당시 선장은 사고 발생 직후 일찌감치 배를 떠났지요. 만약 선장이 자신의 책임을 등지지 않고 끝까지 남아 승객들을 구조하는 데 나섰다면 어떤 일이 벌어졌을까요? 한 명이라도 더 많은 사람들이 구원의 손길을 얻을 수 있지 않았을까요? 사고가 발생하기 이전을 생각해 봐도 원칙의 중요성을 깨달을 수 있습니다. 화물을 더 많이 싣기 위해 배를 불법 개조하지 않았다면, 그래서 배의 균형을 잡는 평형수가 배 안에 원래대로 있었다면 애초에 참사는 일어나지 않았을지도 모릅니다. 돈을 더 벌려고 배를 불법으로 개조한

선사(船社)나, 관리 감독에 부실했던 관계 공무원들이 참사의 책임으로부터 자유롭지 않은 이유이지요.

영화 〈설리〉는 기본에 충실한 수많은 영웅들의 당연하면서도 눈에 띄는 활약상을 담담히 그려 냅니다. 시민의 생명과 안전 문제에 관해서라면 예외 없이 철두철미한 미국의 시스템이 고스란히 담겨 있지요. 영화를 보면 선진국에 접어들고 있다고 자신하는 우리나라에서 왜 비슷한 유형의 참사들이 반복되고 있는지 뼈저리게 깨닫게 됩니다.

원칙 앞에 영웅도 예외는 없다

설리는 150여 명의 목숨을 구한 영웅이기에 바로 그에 걸맞은 대접을 받습니다. 사고 뒤 설리가 머물게 된 호텔의 관계자는 무조건 다 공짜로 주겠다며 원하는 것이 무엇이냐고 묻습니다. 그는 믿기지 않는 기적을 이뤄 낸 당사자와 만났다는 기쁨에 설리와 진한 포옹을 하기도 합니다. 술집 종업원은 조용히 술 한 잔을 하고 있는 설리를 알아보고 무척이나 반가워합니다. 모두 공짜로 해 줄 테니 마음껏 마시라고 말하면서요. 심지어 그는 설리의 이름을 붙인 특별 칵테일 메뉴까지 개발해 팔고 있었습니다. 그 술집 종업원은 이렇게 말합니다. 그동안 뉴욕에는 비행기와 관련해 좋지 않은 일만 있었다고요. 2001년 발생한 9·11 테러의 아픔이 워낙 컸기에, 뉴욕 사람들은 다친 사람 하나 없이 모두 무사히 구조된 이번 일이 반갑고 고마웠던 것이지요.

하지만 사고의 진상 조사를 맡은 미연방교통안전위원회(NTSB)는 설리를 사무적인 태도로 대합니다. 그들은 비상 착수 과정에서 설리가 혹시 규정을 위반했거나 잘못된 선택을 한 것은 아닌지 의문을 제기합니다. 관제탑의 지시를 따르지 않고 위험천만한 착수를 감행해야 할 만큼 위급한 상황이었냐는 것이지요. 규정대로 청문회를 개최한 NTSB는 시뮬레이션을 통해 설리의 비상 착수에 문제가 있었다고 주장합니다. 사고 당시 이륙한 공항으로 돌아가거나 인근 공항에 비상착륙하는 일이 충분히 가능했는데, 설리의 위험한 선택으로 자칫 승객들의 목숨이 위태로울 수 있었다는 것입니다.

전국적인 영웅 대접으로 우쭐한 기분이 들었을 만도 한 설리는 담담하게 NTSB의 조사에 임합니다. 그는 조사 과정에 특별히 불만을 표시하지도 않습니다. 만약 우리나라였다면 어땠을까요? 많은 생명을 살린 영웅에 대한 처사치고는 가혹하다는 반응이 나왔을 것입니다. 당사자도 당연히 반발했을 것이고요.

결과가 괜찮다면 모든 게 다 좋다고 여기는 우리나라 사람들과 달리, 영화 속 미국인들은 물론 결과가 좋은 건 다행이지만 그 과정에서 문제가 없었는지 낱낱이 따져 봐야 한다고 생각합니다. 설리의 순간적인 판단이 모두를 구한 건 맞지만 굳이 위험한 선택을 했어야만 했는지 살펴보자는 것이지요.

NTSB가 이토록 철저한 진상 조사를 하는 이유는 설리의 기적이

나쁜 선례를 남겨서는 안 된다고 봤기 때문입니다. 누구나 설리의 예를 들며 자신의 실수를 온당한 직무라고 주장할 수 있는 여지가 있으니까요. NTSB는 NTSB대로 사고 경위 조사에 최선을 다하는 한편, 설리는 설리대로 자신의 논리를 내세웁니다. 위원회가 내세운 컴퓨터 시뮬레이션을 본 설리는 인간이라면 기계처럼 고민 없이 즉시 회항을 결정할 수 없다고 공박한 끝에, 결국 자신이 비상 상황에서 올바른 판단을 했다는 걸 증명해 냅니다.

청문회에서 사고 당시 조종실의 대화 내용이 녹음된 파일을 들은 설리는 부기장 제프에게 "나는 자네가 자랑스럽다"고 말합니다. 제프가 "침착하게 매뉴얼대로 행동했기" 때문이었습니다. 두 사람은 "우린 할 일을 했다"며 소박하게 자부심을 드러내기도 합니다. 급박한 상황에서도 설리와 제프는 맡은 바 최선을 다했고, 관제탑 직원도 정해진 원칙에 따라 자신이 할 수 있는 역할을 다했습니다. NTSB 직원들도 시종일관 설리에게 딱딱한 태도로 일관하기는 했지만, 그 모든 것은 자신들의 직무를 수행하기 위함이었고요. 우리는 이들의 모습을 통해 한 국가의 사회적 합의를 발견할 수 있습니다. 사회 시스템이 제대로 작동하기 위해서는 모두가 각자의 역할에 충실해야 하며, 사고가 발생했을 때는 사건을 철저히 규명하기 위해 노력해야 한다는 것을 말입니다.

영화는 마지막 장면에서 2009년 사고 당시의 영상과 실존 인물들의 사진을 보여 줍니다. 이 영화의 감독은 배우 출신인 클린트 이스트우드Clint Eastwood 입니다. 그는 할리우드의 대표적인 공화당 지지자로, 그간 건전한 보수가 무엇인지 되묻는 영화들을 연출해 왔습니다. '보수'는 말 그대로 '보전하고 지킨다'는 뜻입니다. 사회적 합의에 의해 만들어진 원리 원칙을 제대로 보전하고 지킨다면 적어도 세상이 더 나빠지는 일은 생기지 않을 것입니다. 이것이 바로 〈설리〉가 전하고자 하는 메시지 아닐까요?

#5

자연은, 그리고 동물은
인간에게
어떤 존재인가

인간과 자연은
공존할 수 있을까

정글북, 2016

감독_존 파브로

출연_닐 세티(모글리 역) / 빌 머레이(발루 목소리)

스칼렛 요한슨(카아 목소리) / 벤 킹슬리(바기라 목소리)

이드리스 엘바(쉬어칸 목소리)

인간의 즐거움을 위해 희생당하다

2016년 5월, 미국 오하이오주 신시내티동물원에서 고릴라 총격 사건이 있었습니다. 사건의 발단은 고릴라를 구경하던 네 살배기 남자아이가 고릴라 우리에 떨어지면서 비롯됐습니다. 당시 우리 안에는 세 마리의 고릴라가 있었는데, 몸무게 180kg의 커다란 수컷 고릴라 한 마리가 아이에게 다가갔지요. 아이의 부모뿐 아니라 동물원을 찾았다가 이 광경을 보게 된 관람객들까지 모두 소리를 질렀습니다. 고릴라는 아이의 손을 잡는 듯하더니 이내 이리저리 끌고 다녔습니다. 그러자 아이의 신변이 위태롭다고 생각한 동물원 관계자들은 곧바로 총을 쏴 고릴라를 사살하고 말았지요. 남자아이가 우리 안에 떨어진 지 10분 만이었습니다.

이 사건은 많은 논란을 일으켰습니다. 동물 보호주의자를 비롯한 많은 사람들이 부주의한 아이의 부모 때문에 애꿎은 고릴라가 목숨을 잃었다며 비판의 목소리를 높였습니다. 일부 동물학자들은 고릴라가 아이를 위협한 것이 아니라 보호하려 했던 행동인데 너무 성급하게 방아쇠를 당겼다며 동물원의 과잉 조치를 지적하기도 했습니다. 게다가 사살된 고릴라 '하람베'는 전 세계에 300~400마리밖에 남아 있지 않은 멸종 위기종 '롤런드고릴라(lowland gorilla)'여서 논란은 더욱 커졌습니다.

동물원에서 태어나 단 한 번도 우리 밖을 벗어나지 못하고 생을 마친 하람베의 사연을 들은 많은 사람들은 안타까운 마음을 전했지요. 이 사건은 인간의 즐거움을 위해 원치 않는 생을 살아야 하는 동물들의 처지를 다시 한 번 생각하게 하는 계기가 됐습니다. 사람에게 인권이 있는 것처럼 동물에게도 고귀한 생명체로서 억압받지 않고 자신들의 삶을 살 권리가 있다는 것이지요.

입장 바꿔 생각해 보죠. 만약 인간이 동물들에게 잡혀가 정글에서 그들의 노리개로 전락했다고 말입니다. 자유가 박탈된 상태로 수십 년을 갇혀 지내다가, 선의로 한 행동이 오해를 불러와 허망하게 죽음을 맞이한다면 너무나 억울하지 않을까요?

하지만 사람과 동물은 다르다고 선을 긋는 사람들이 종종 있습니다. 아무리 똑같은 상황에 놓인다 해도, 동물은 자신이 처한 상황에서 느끼는 심리적 고통에 대해 특별한 해석을 하지 않으니 고도의 사고 능력을 가진 사람과 비교할 수 없다고 여기는 것입니다. 심지어 박탈당한 시간, 빼앗긴 자유를 감안하면 동물보다 사람이 느끼는 정신적 고통이 더 크리라는, 지극히 인간 중심적인 해석이 나오기도 합니다.

이렇듯 사람들은 흔히 지적 능력을 근거로 인간과 동물의 차이를 강조합니다. 하지만 그러한 이유로 인간이 동물을 학대하거나 억압하는 행동을 정당하다고 여길 수 있을까요? 인간이 만물의 영장이라는 말은 어쩌면 인간의 자만심에 불과할 수도 있습니다.

영화 〈정글북〉은 묘하게도 하람베의 죽음과 반대의 상황을 보여주며 우리에게 여러 생각거리를 던져 줍니다. 〈정글북〉에는 아기 시절 부모님을 잃고 정글에서 동물들과 부대끼며 살아가게 된 소년 모글리가 주인공으로 등장합니다. 평생 동물원에서 인간의 구경거리로 살다 총으로 사살된 하람베와 달리, 모글리는 동물들에게 둘러싸인 채 야생에서 평화롭게 지내지요. 모글리와 야생동물의 공존은 인간과 자연이 조화롭게 살기 위해서는 무엇이 필요한지 일러 줍니다.

정글을 떠나 마을로 향하는 여정

모글리는 정글에 버려진 인간의 아이입니다. 흑표범 바기라가 정글에 홀로 남겨진 모글리를 발견해, 늑대 무리에게 아이를 데려가 양육을 맡기지요. 늑대들은 모글리를 기꺼이 가족으로 받아들이고, 모글리는 동물들과 함께 성장하면서 그들과 공존하는 법을 배워 나갑니다. 그렇게 늑대들과 함께 자라나던 모글리에게 어느 날 예기치 않은 불행이 들이닥칩니다. 정글의 무법자인 호랑이 쉬어칸이 모글리를 위협하기 시작한 것이지요. 쉬어칸은 모글리가 자신의 눈을 앗아 간 인간의 아이라는 이유로 늑대 무리에게 그를 내놓으라며 윽박지릅니다. 쉬어칸의 위협이 점점 커지자, 늑대들은 긴 논의 끝에 결국 무리 전체를 위해 모글리를 인간 사회로 돌려보내야 한다고 결정합니다. 바기라 역시 언젠가는 모글리가 인간들 사이에서 생활해야 한다고 여겼기에 늑대 무리의 결정을 받아들입니다. 그렇게 모글리는 바기라와 함께 인간 마을을 향해 긴 여정에 오르고, 이 사실을 알게 된 쉬어칸 역시 그들의 뒤를 바짝 쫓기 시작합니다.

마을로 향하는 모글리 앞에는 여러 위험과 속임수가 도사리고 있습니다. 커다란 비단뱀 카아는 과거를 들려주겠다며 모글리를 꼬드긴 뒤 최면을 걸어 그를 저녁거리로 먹어 치우려고 합니다. 그런 카아로부터 모글리를 구해 준 곰 발루도 마냥 친절하지만은 않습니다. 친구가 되어 주겠다고 자처하지만 실은 모글리를 이용해 자신이 가장 좋아하는 꿀을 구하는 데 목적이 있으니까요. 모글리가 마을로 향할 때 도와주는 척하면서 은근히 방해를 하거나 우정을 가장해 모글리의 발목을 잡기도 합니다.

자신들의 잇속을 위해 모글리를 이용하는 카아와 발루의 이기적인 행태는 역지사지로 인간인 우리 스스로를 되돌아보게 합니다. 인간은 동물과 함께 지내면서도 일상적으로 동물을 이용하거나 학대합니다. 동물 고기를 먹고, 동물 가죽을 몸에 걸치며, 동물실험을 하고, 애완용으로 기르는가 하면, 동물원에 가두기도 하지요. 이렇게 인간의 편리를 위해 동물을 이용하는 것은 오랜 시간 동안 당연한 일로 여겨져 왔습니다. 이는 인간이 동물보다 우월한 존재라는 생각을 전제로 합니다. 그런데 정말 동물은 인간의 발전을 위해 희생되어도 마땅한 열등한 존재인 것일까요?

영화 초반부에는 극심한 가뭄에 시달리던 동물들이 모두 물을 먹기 위해 샘에 모이는 장면이 나옵니다. 오랫동안 비가 오지 않아 물을 먹지 못한 정글의 동물들은 그 기간만큼은 서로를 해치지 않기로 약속하지요. 그렇게 그들이 샘에서 목을 축일 때 모글리가 늑대 무리와 함께 등장합니다. 동물들은 그를 보고 수군거립니다. 자신들과 다른 모습을 한 인간이 무척이나 낯설었기 때문이지요. 하지만 동물들은 그저 모글리를 슬쩍슬쩍 훔쳐보기만 할 뿐 구경거리로 생각하지 않습니다. 모글리를 키운 어미 늑대 락샤도 모글리에게 다른 동물들을 신기한 눈으로 보지 말라고 당부합니다. 우리는 모두 다르게 생겼고 살아가는 방법 역시 각기 다르니 그 차이를 인정하고 서로를 하나의 구성원으로 받아들이라는 메시지로 해석할 수 있겠지요. 동물을 인간과 다를 바 없는 존재로 받아들이기보다 신기한 볼거리로 여기고 그들을 돈벌이에 이용해 왔던 인간의 역사를 생각하면 뜨끔해지는 대목입니다.

발루를 돕느라 잠시 가던 길을 멈췄던 모글리는 다시 인간 마을을 향해 발걸음을 옮깁니다. 그런데 난데없이 원숭이 무리가 등장해 모글리를 그들이 사는 사원으로 납치합니다. 발루와 바기라는 모글리를 구하기 위해 함께 힘을 모으지요. 처음에 모글리를 그저 이용 대상으로만 여겼던 발루는 이제 진정한 친구가 돼 혼신의 힘을 다합니다(높은 곳을 오르지 못해 모글리를 시켜서 꿀을 얻곤 했던 발루는 소년을 구하기 위해 온 힘을 다해 절벽을 오릅니다). 그렇게 모글리와 발루, 그리고 바기라는 힘을 합쳐 원숭이 무리에게서 탈출합니다. 영화는 셋의 우정을 그리며 인간과 동물(자연)이 진정한 친구가 될 수 있는지 묻습니다. 이용하고 이용당하는 관계가 아닌, 서로 공존할 수 있는 관계가 될 수 있는지 말입니다.

인간과 자연이 공존하는 방법

모글리는 정글에서 자랄 당시 인간의 습성을 버리지 못하고 자꾸만 도구를 사용하려 했습니다. 락샤와 바기라는 모글리가 도구를 사용하면 다른 동물들과 자연스럽게 섞이지 못할 것을 우려해 이를 반대했지요. 정글에서 동물들과 함께 살기 위해서는 늑대처럼 행동하고 늑대처럼 먹이를 먹어야 한다고 여긴 것입니다. 하지만 모글리는 어쩔 수 없는 인간입니다. 태생적으로 모글리는 늑대가 아닙니다. 아무리 그들을 따라가려 해도 한계가 있지요. 특히 모글리보다는 늑대들의 성장 속도가 훨씬 빨라 힘에서 밀릴 수밖에 없습니다. 인간이 성인이 되어 제대로 힘을 쓰려면 20년 정도의 시간이 걸리지만, 늑대는 현재 모글리 나이 때 전성기를 보내거든요. 그러니 도구를 사용하지 않고 정글에서 늑대와 함께 사는 것은 인간에게 매우 불리한 일입니다.

도구를 만들고 이용하는 능력은 인간의 중요한 특징 중 하나입니다. 인간은 맹수처럼 날카로운 이빨을 지니고 있지 않고, 그렇다고 빠르게 달리지도 못하며 강한 힘이 있는 것도 아닙니다. 하지만 인간은 도구를 만들어서 그러한 신체적 약점을 극복합니다. 프랑스의 철학자 앙리 베르그송Henri Bergson은 도구를 만들고 사용하는 것이 인간의 본질이라며 '호모파베르(Homo Faber)'●라는 용어를 만들기도 했습니다.

모글리는 정글을 떠나 마을로 향하며 자연스럽게 도구를 많이 사용하게 됩니다. 그는 발루를 돕기 위해 절벽에 매달려서 꿀을 따거나, 구덩이에 빠진 아기 코끼리를 구할 때도 도구를 사용합니다. 원숭이들의 왕인 킹 루이가 모글리를 납치한 이유 역시 이것 때문

●   '도구를 사용하는 인간'이라는 뜻으로, 인간의 특성과 본질이 물건이나 연장을 만들어 사용하는 데에 있다고 보는 인간관.

이었습니다. 평소 모글리를 눈여겨보고 있던 그는 도구를 사용할 줄 아는 모글리의 능력을 이용해 정글의 지배자가 되려는 계획을 세운 것이지요.

도구뿐만 아니라 불을 사용할 줄 안다는 점 또한 인간의 특징 가운데 하나입니다. 영화에서도 불을 사용하는 인간의 모습을 비중 있게 다룹니다. 한밤중 불 주변에 모여 있는 인간들을 통해 정글과 인간 세계는 명확하게 구분됩니다. 모글리의 아버지가 쉬어칸에 맞서 싸울 때 사용했던 것 역시 불이었습니다. 불 때문에 한쪽 눈을 잃고 모글리에게 복수하려는 쉬어칸의 모습은 인간에게 피해를 입은 동물들의 분노를 대변합니다. 그동안 인간은 불을 앞세워 동물들을 제압했고, 자신들의 생활공간을 점차 넓혀 왔습니다. 이처럼 영화에서 불은 동물과 다른 인간의 특징을 나타내는 동시에 자연 파괴의 상징이기도 합니다.

영화의 후반부에서 모글리는 쉬어칸의 폭력에 맞서기 위해 불을 구해 들고 정글을 달립니다. 그러나 불은 쉬어칸을 제압할 수 있는 좋은 도구인 동시에 정글에 재앙을 불러오는 원인이 됩니다. 모글리가 지나가는 곳마다 불이 붙어 정글은 큰 화재에 휩싸이지요. 불이 정글을 파괴하고 있다는 사실을 뒤늦게 깨달은 모글리는 자신만이 할 수 있는 가장 좋은 방법을 생각합니다. 바로 도구를 만들어 활용하는 일이었습니다. 그는 썩은 나무로 함정을 만들어 쉬어칸에게 맞섭니다. 도구를 사용하는 인간의 본질을 잃지 않으면서도 정글에 피해를 주는 불은 사용하지 않는 방법이지요. 이 장면에서 우리는 인간이 자신의 본질을 부정하지 않으면서도 자연과 함께 공존할 수 있는 가능성을 엿볼 수 있습니다.

다시 하람베 사건으로 돌아가 볼까요. 하람베의 죽음은 과연 인간에게 동물들의 자유를 억압할 권리가 있는지 다시 한 번 생각하게 하는 계기가 됐습니다. 동물원을 만들어 가까운 곳에서 희귀한 동물들을 구경할 수 있게 하고, 이를 학문적 관찰의 대상으로도 이용한다는 생각은 근대에 태동한 계몽주의적 사고와 맞닿아 있습니다. 하지만 인간의 편의, 즐거움, 학습을 위해 동물들을 억압해도 되는 걸까요? 자연에서 살아야 할 그들을 가둬 놓고 우리는 그저 신기하게 구경하는 행동이 과연 옳은 일일까요? 인류와 자연의 공존이라는 관점에서 바라봤을 때 이 문제에 어떻게 접근해야 할까요? 여러분도 〈정글북〉, 그리고 하람베 사건을 통해 인류와 자연이 공존할 수 있는 가능성에 대해 생각해 보면 좋겠습니다.

동물도
행복할 권리가 있을까

옥자, 2017

감독_봉준호
출연_틸다 스윈튼(루시·낸시 미란도 역)
폴 다노(제이 역) / 안서현(미자 역)

가축, 인간의 즐거움을 위해 희생당하다

AI라는 용어를 종종 들어 봤을 것입니다. 인류의 미래를 좌지우지할지 모른다는 인공지능(Artificial Intelligence)의 머리글자 아니냐고요? 스펠링은 똑같은데 전혀 다른 뜻의 AI가 있습니다. 흔히 조류인플루엔자(Avian Influenza)라고 표현하는 조류 전염병입니다. '조류독감'이라고도 불리는 이 질병은 닭, 오리, 야생 조류에서 발생하는 급성 바이러스성 전염병으로, 전염성이 매우 강하고 조류에게 치명적입니다. 닭이나 오리 등을 키우는 농가에 AI는 커다란 재앙입니다. 돈과 시간을 들여 힘들게 키운 닭과 오리들을 한꺼번에 잃을 수 있기 때문입니다.

AI는 주로 철새들에 의해 유입되는데, 발병 사실이 확인되면 정부는 즉각적인 대처에 나서곤 합니다. 피해 확산을 막기 위해 주로 사용하는 방식은 '살처분(殺處分)'입니다. 한자 '죽일 살(殺)'에서 알 수 있듯, 바이러스에 감염됐거나 감염될 여지가 있는 닭, 오리 등을 모조리 죽이는 극단적인 대응이지요. 병원체를 옮길 생물이 사라지면 전염 가능성도 작아지기 때문에 이 같은 방식을 취하는 것입니다. 하지만 닭이나 오리 입장에서는 단지 병에 걸렸다고, 심지어 병에 걸리지 않았는데도 죽임을 당한다는 것은 정말 끔찍한 일입니다. 농가가 입을 추가적인 피해와 산업 전반에 미치는 파장을 줄이기 위해 어쩔 수 없는 선택이라고는 해도, 반드시 이들을 살처분해야만 하는가 하는 반감이 듭니다. 농림축산식품부의 자료에 따르면, 2014년부터 2018년까지 우리나라에서 AI 때문에 살처분당한 가축만 해도 무려 약 7,184만 마리라고 합니다.

우리나라에서 AI가 급속히 퍼지는 이유로 국내 가금류 산업의 문제점을 꼽을 수 있습니다. 효율성을 극대화하기 위해 좁은 장소에 수많은 닭과 오리를 가둬 놓고 기르다 보니 전염 속도가 상당히 빠른 것입니다. 농장의 닭과 오리는 소중한 생명으로 태어났지만, 공장식 밀집 사육이 이뤄지는 곳에서는 하나의 상품에 지나지 않습니다. 생산성을 최대한 끌어올리고 비용을 절감하기 위해 만들어진 사육장에서 동물의 기본적 욕구나 습성은 고려 대상이 아니지요. 이 같은 대량생산 구조로 인해, 매번 AI가 발생할 때마다 엄청난 수의 닭과 오리를 죽일 수밖에 없는 것입니다.

닭과 오리를 키우는 비용을 낮춰서 이익을 보는 것은 물론 인간입니다. 농장주는 가공된 닭과 오리 고기를 시장에 싸게 내다 팔 수 있고, 소비자는 가정에서 즐겨 먹는 닭튀김과 오리 요리 등을 좀 더 저렴한 가격에 먹을 수 있기 때문입니다. 공장에서 공산품처럼 생산된 닭과 오리가 시장을 거쳐 최종적으로 도착하는 곳은 바로 인간의 식탁입니다. 인간의 안락하고 풍성한 식생활을 위해 닭과 오리가 희생된 셈이지요.

공장식 사육이 가능한 이유 중 하나는 동물이 인간과 다르다는 인식 때문입니다. 동물은 인간처럼 삶에 대한 의지가 강하지 않고, 고통을 잘 느끼지 못할 거라는 생각이 이같이 잔인한 생산과 유통, 소비 방식을 가능하게 하고 있습니다. 그렇다면 동물은 정말 인간과 달리 학대받아도 별다른 고통을 못 느낄까요? 인간이 비정한 방식으로 그들을 기르고 잡아먹어도 윤리적으로 큰 문제가 없는 것일까요? 개나 고양이 같은 반려동물과 달리, 닭, 오리, 돼지, 소 등의 가축은 학대하며 기르고 무참한 방식으로 도살해 식용으로 유통해도 상관없는 것일까요? 영화 〈옥자〉는 우리가 아무렇지 않게 생각하며 일상적으로 지나쳐 버리는 지점에 근원적인 질문을 던집니다.

당신이 오늘날 먹고 있는 먹거리는 정당한 절차를 거쳐 당신의 식탁에 오른 것이냐고요.

슈퍼돼지 옥자는 고기인가, 가족인가

미국의 거대 식품 회사 '미란도'의 CEO 루시는 놀랄 만한 사실을 발표합니다. 인류의 식량 문제를 해결해 줄 것으로 기대되는 슈퍼돼지가 칠레의 한 농장에서 우연히 발견됐다는 것입니다. 그리고 그와 동시에 야심차게 기획한 이벤트를 세상에 공개합니다. 그 슈퍼돼지의 새끼들을 세계 26개 나라의 농가로 보내 10년 동안 각국의 전통적인 사육 방식대로 키운 뒤, 누가 더 잘 키웠는지 경연 대회를 열겠다는 것이지요. 강원도 산골에서 할아버지 희봉과 단둘이 살고 있는 미자네도 그중 하나로 선정돼 슈퍼돼지 옥자를 키우게 됩니다.

친구도 없이 혼자 산으로 들로 다니던 미자에게 옥자는 가족이나 마찬가지입니다. 그들은 함께 과일을 따고, 물고기를 잡으며, 위험에 처하면 서로를 돕는 매우 친밀한 사이지요. 하지만 이익 창출이 목적인 기업 미란도 입장에서 옥자는 잠재적 상품 가치가 높은 '물건'일 따름입니다. 일정 기간이 지나면 상품화되어야 하고, 소비되어야 하죠. 기업에서 '슈퍼돼지 경연 대회' 같은 이벤트를 기획한 이유도 대중의 호기심을 이끌어 그들이 만드는 제품, 즉 돼지고기를 사람들에게 보다 널리 알리기 위해서입니다. 일종의 마케팅 기

법인 셈이지요. 광고에 동원된 옥자가 마케팅 수단으로서의 효용성
이 다하면, 기업에서는 철저히 이윤 창출의 논리에 근거해 옥자를
도살해 고기로 판매하려 할 것입니다.

사실 미란도에서 친환경적이라고 홍보했던 슈퍼돼지는 유전자
조작에 의해 실험실에서 태어난 것이었습니다. 미란도 한국 지사에
서 일하고 있는 직원 문도는 미자네 집에 정기적으로 들러 옥자의
양육 상태를 점검하고, 미국의 유명 동물학자이자 동물 관련 프로
그램을 진행하는 인기 방송인 죠니는 옥자를 앞세워 제2의 전성기
를 꿈꿉니다. 결국 이들 모두에게 옥자는 고귀한 생명체가 아니라,
자신의 이익을 충족시키기 위한 수단일 뿐입니다.

영화는 '옥자'라는 하나의 존재를 바라보는 상반된 시선을 극단
적으로 대비해 보여 줍니다. 미자는 자매나 다름없는 옥자와 늘 함
께 생활합니다. 같이 잠을 자고, 배가 고프면 산에서 과일을 따 먹
고, 함께 물고기를 잡기도 합니다. 자연에 감사하며 자연과 함께 어
우러지는 이들의 모습은 자본주의가 등장하기 훨씬 전 원시적 공동
체와 가깝습니다.

미자와 옥자의 강원도 생활 정반대 편에는 뉴욕과 루시 일행이
있습니다. 뉴욕은 자본주의의 중심입니다. 그곳에서 모든 것의 기준
은 돈입니다. 돈을 많이 벌면 성공한 것이고, 돈이 없으면 실패자로
낙인찍히지요. 더욱이 회사를 운영하고 있는 루시에게 돈은 절대
가치입니다. 루시는 자신의 쌍둥이 언니가 회사의 수익성을 개선시

키지 못했다고 비난하며 경영권을 차지했습니다. 그녀에게는 오로지 회사의 매출과 주가를 올리는 것만이 최대 목표입니다. 뉴욕은 돈(또는 회사)을 둘러싼 암투도 치열한 곳입니다. 루시는 언니가 경영권을 빼앗아 갈까 두려워 늘 신경이 곤두서 있고, 언니가 회사에 몰래 심어 놓은 중역은 휴대전화로 루시의 발언을 녹음하며 일거수일투족을 감시합니다. 한때 사람들의 사랑을 받았던 동물 애호가 죠니조차 돈에 눈이 멀어 동물을 실험 대상으로 삼는 등 미란도에 충성을 다하지요. 돈을 향한 루시 일당의 끝 모를 질주는 한계를 모르는 자본주의의 탐욕을 보는 듯합니다.

돈을 숭배하는 사회의 생명관

옥자를 향한 등장인물들의 시선은 결국 돈에 대한 그들의 인식과 부합합니다. 옥자의 할아버지 희봉은 미자와 달리 옥자를 소박한 돈벌이의 수단으로 생각합니다. 그는 10년간 옥자를 키우고 반납하는 대가로 일정한 경제적 보상을 받습니다. 그리고 손녀 미자의 미래를 위해 금으로 만든 돼지를 장만합니다.

옥자를 미란도에 내줄 때 희봉은 금돼지를 미자에게 건네며, 속상해하는 손녀를 달래려 합니다. 금돼지가 미자를 대신할 수 있을 만큼 충분히 가치 있다고 생각한 것이지요. 하지만 미자는 금돼지를 내동댕이칩니다. 미자에게 옥자는 금으로 환산할 수 없을 만큼 소중한 존재였으니까요. 미자는 옥자를 구하기 위해 서울로 향하기 전, 한 치의 망설임도 없이 돼지 저금통을 박살 낸 뒤 동전들을 쓸어 담아 여비로 챙깁니다. 가족이나 다름없는 옥자를 찾으러 가는데, 그깟 돈이 뭐 그리 대수냐고 여기는 것이지요. 그 밖에, 옥자를 통해 미란도의 기만과 비윤리적 행위를 폭로하려는 'ALF(Animal Liberation Front, 동물해방전선)' 단원들 역시 돈에 연연하지 않는 인물들입니다.

우연의 일치일까요? 돼지는 한자로 '豚(돈)'입니다. 등장인물들이 돼지 옥자를 어떻게 여기는가 하는 문제는 돈[錢]에 대한 인식에 따라 극명하게 갈립니다. 인류 역사에서 돈은 처음 등장했을 때 교환을 위한 수단으로 쓰였는데, 이후 자본주의가 등장하고 발전하면서 점차 그 자체로 주요한 목적이 됐습니다. 돈을 소유한다는 것은 다른 모든 것을 가질 수 있는 권력을 획득한 것과 같기 때문입니다. 따라서 돈은 수많은 물건들 사이에서 독보적인 가치를 지니게 되었고, 소유의 최종 목표가 되어 버렸습니다. 돈 자체를 경외시하게 된 우리는 돈의 지배 아래 놓여 있다 해도 과언이 아닙니다.

돈에 대한 가치관을 다루는 영화이다 보니, 〈옥자〉에는 자본주의에 대한 성찰이 담길 수밖에 없습니다. 자본주의가 발달하는 과정에서 20세기 초 등장한 대량생산 체제는 주요 전환점이었습니다. 대량생산은 표준화와 분업화의 도입으로 가능해졌습니다. 작업의 효율성이 높아져 적은 돈으로도 많은 상품을 생산할 수 있게 됐으니까요. 이에 따라 판매 가격 또한 낮아질 수 있었습니다. 영화는 막바지에서 표준화와 분업화라는 자본주의의 핵심 수단이 축산업에 어떻게 도입됐으며 자본을 축적하는 데 어떻게 동원되는지 보여 줍니다.

옥자와 같은 슈퍼돼지들은 비좁은 공간에서 사육되다 도살장으로 들어가야 하는 운명입니다. 도살된 후에는 부위별로 정교하게 분리돼 컨베이어 벨트를 통해 이동됩니다. 사육과 도살 등은 철저히 표준화·분업화된 시스템에 의해 이뤄집니다. 영화는 부의 축적이라는 인간의 욕망을 위해 소중한 생명들이 잔혹하게 죽어 가고 있다는 사실을 지적합니다. 그리고 다음과 같이 묻습니다. 인간도 결국 비인간적인 자본주의 시스템에 의해 생명을 학대하는 괴물이 되어 가고 있는 것 아니냐고요.

〈옥자〉는 호주 철학자 피터 싱어Peter Singer가 주장한 개념인 '동물권'을 새삼 돌아보게 합니다. 그는 동물도 지각·감각 능력을 지니고 있기에 보호받아야 할 권리가 있다고 봤습니다. 동물도 고통이나 즐거움을 느끼는 생명체이니 인간처럼 대우받아야 한다는 것입니다. 가축을 사육하고 도축하는 과정에서 세심한 배려가 있어야 한다는 주장이 바로 여기에서 비롯됐습니다.

〈옥자〉는 동물을 사육하지 말고, 고기도 먹지 말자고 주장하는 영화는 아닙니다. 영화 도입부에 등장하는 미자와 옥자의 평화로운 산골 생활은 감독이 바라는, 동물과 사람의 이상적인 관계를 보여 줍니다. 매운탕이 먹고 싶은 미자는 옥자의 도움으로 물고기를 잡으면서도, 큰 물고기만 취하고 아직 어린 새끼 물고기는 물속으로 풀어 줍니다. 둘은 자연을 훼손하지 않는 방법으로 먹을거리를 얻으며 다른 생명체와 공존하고, 자연의 순환적인 생태계를 유지시키려 노력하지요.

영화에는 지나치게 엄격한 윤리성 때문에 채소나 과일조차 먹지 않는 ALF 단원이 등장하는데, 너무 비장해서 우스꽝스러운 인물로 묘사됩니다. 동물권을 과도하게 존중하다 우리가 굶어 죽을 필요까지는 없다는 의미겠지요. 자본주의 시스템을 없앨 수는 없지만 돈이 모든 것의 가치를 판단하고 결정하는 지금의 세태는 바뀔 때가 되지 않았는지, 육식을 하더라도 동물을 지나치게 학대하지 않는 사육과 도축 방법을 고민해 볼 수는 없는 것인지, 영화 〈옥자〉는 우리에게 질문을 던지고 있습니다.

멸종된 공룡의 부활, 생명의 가치를 묻다

쥬라기 월드: 폴른 킹덤, 2018

감독_후안 안토니오 바요나
출연_크리스 프랫(오웬 그래디 역)
브라이스 달라스 하워드(클레어 디어링 역)

인간, 신의 영역에 도전하다

'돌리'라는 이름을 들어 봤나요? 돌리는 1996년 영국 에든버러대학 로슬린연구소에서 태어난 세계 최초 포유류 체세포 복제 동물의 이름입니다. 돌리는 6년생 양에게서 채취한 체세포를 바탕으로 세상에 태어났습니다. 복제 대상인 6년생 양의 체세포로부터 핵을 추출한 뒤, 핵을 제거한 다른 양의 난자와 결합하는 '핵 치환' 방식으로 수정란이 만들어졌는데요. 이 수정란을 대리모 양의 자궁에 착상시켜 탄생한 것이 바로 돌리입니다. 자연적인 생식 과정으로 태어난 양은 암컷과 수컷의 유전자를 반반씩 가진 반면, 돌리는 6년생 암컷의 유전자를 그대로 가졌습니다.

돌리의 탄생은 전 세계에 큰 충격과 논란을 불러왔습니다. 이로써 이전까지 다 자란 포유류는 복제할 수 없다는 상식이 깨졌고, 이는 곧 인간 복제가 현실로 나타날 수 있다는 의미였기 때문입니다. 양이나 소, 돼지 등의 복제는 식량난 해결에 도움이 된다고 하지만, 인간 복제는 인류의 개념 자체를 통째로 바꿀 만한 사건 중의 사건이지요. 동물을 복제하고 나아가 인간까지 복제하게 된다면, 인류는 신의 영역에 다가선 존재라고 일컬을 수도 있을 것입니다. 지금까지 인간이 운명으로 알고 받아들였던 생로병사의 한계를 생명공학으로 단번에 뛰어넘을 수도 있기 때문입니다.

그렇다면 현재 복제 기술의 수준은 어느 정도일까요? 정말 인간은 원하는 대로 생명체를 복제해 신과 같은 지위에 올라설 수 있는 것일까요? 미국의 원로 가수이자 배우 바브라 스트라이샌드Barbra Streisand는 자신의 반려견이 죽자 너무 슬픈 나머지, 두 차례 복제를 해 반려견과의 인연을 이어 가고자 했습니다. 그러나 죽은 반려견과 그를 복제한 다른 두 마리 반려견은 유전적으로는 동일하지만 행동과 성격이 제각각이었다고 합니다. 성격은 유전적 요인에 의해서만 결정되는 것이 아니라 살면서 겪는 다양한 경험이나 환경에 따라 달라지기 때문이죠. 결국 죽은 반려견과 1호 복제견, 2호 복제견은 스트라이샌드의 소망과 달리 서로 다른 개나 마찬가지였습니다. 이 경우, 숨진 반려견과 더 오래 살고 싶었던 스트라이샌드의 소망이 완벽하게 이뤄졌다고 말할 수 있을지 모르겠습니다. 과학기술이 만들어 낸 아이러니한 상황이죠.

인류는 과학기술을 통해 이전에는 상상도 할 수 없던 놀라운 일들을 이뤄 냈습니다. 가히 만물의 영장이라는 자부심을 가질 만도 합니다. 그런데 이렇게 발달한 기술을 토대로 이뤄 낸 결과를 인간이 온전히 통제할 수 없게 된다면 어떨까요? 과연 세상은 인류의 예측대로 흘러가게 될까요? 세상만사를 사람의 손아귀에 온전히 둔다는 것이 거의 불가능한 일임을 여러분도 잘 알 것입니다. 안락한 삶을 원하는 인간의 욕망을 채워 주는 데 과학은 분명 큰 역할을 하고 있지만, 결코 만능 해결사가 될 수는 없겠지요.

〈쥐라기 월드: 폴른 킹덤〉(이하 〈쥐라기 월드 2〉)은 과학의 역할은 무엇인지, 인간과 자연의 관계는 어떠해야 하는지 돌아보게 합니다. 첨단의 시대를 살아가고 있지만 인류에게는 분명 넘을 수 없는, 넘어서는 안 되는 한계가 있음을 다시 한 번 상기시키죠.

공룡은 어떻게 돈벌이가 되었을까

이 영화는 2015년 개봉한 〈쥐라기 월드〉의 후속 편에 해당합니다. 〈쥐라기 월드〉는 1990년대 개봉한 전설적인 공룡 영화 〈쥐라기 공원〉(1993)과 〈쥐라기 공원 2: 잃어버린 세계〉(이하 〈쥐라기 공원 2〉)

(1997), 〈쥬라기 공원 3〉(2001), 즉 '공원' 시리즈에 뿌리를 두고 있습니다. 〈쥬라기 공원〉은 한 백만장자가 멸종된 공룡의 유전자를 나무 송진의 화석인 호박 속에 보존돼 있는 모기로부터 추출해 공룡 복제에 성공하는 이야기에서 출발합니다. 곧이어 백만장자는 살아 있는 공룡들로 가득한 테마파크 '쥬라기 공원'을 외딴섬에 만들어 놓고, 손자를 비롯한 주변 사람들에게 먼저 공개합니다. 사람들은 최첨단 컴퓨터 시스템으로 공룡들의 터전을 철저히 통제할 수 있다고 믿었으나, 곧 재앙이 일어납니다. 예기치 않은 사고로 울타리의 전기 장치가 해제되자 공룡들이 사람을 공격하기 시작한 것이지요. 통제되지 않는 과학기술은 인류에게 재앙이 될 수 있음을 영화는 지적합니다. 〈쥬라기 공원 2〉도 이야기 전개가 크게 다르지 않습니다. 폐허가 된 공룡 공원을 되살려 돈을 벌려는 인간의 욕망이, 자연 앞에서 다시 한 번 무릎 꿇게 되는 과정을 그리고 있습니다.

2010년대 들어 부활한 공룡 영화 〈쥬라기 월드〉는 앞선 '공원' 시리즈가 담고 있는 메시지를 반복해서 보여 줍니다. 쥬라기 공원이 문을 닫은 지 20여 년이 지나, 유전자조작으로 탄생한 공룡들을 앞세워 만들어진 '쥬라기 월드'라는 거대한 테마파크가 새로운 시리즈의 배경이 되지요. 오웬은 이 테마파크를 운영하는 회사에 고용돼 공룡의 품질 개량 사업에 힘을 보탭니다. 그런데 사실 이 회사는 공룡이 사람의 명령을 잘 따르도록 교육시켜 그들을 인명 살상에 활용하려는 계획을 갖고 있었습니다. 육식 공룡의 호전성에 높은 지능지수, 사람의 지시대로 움직이는 복종심을 더해 역사상 최고의 살상 무기를 만들려는 것이지요.

공룡으로 돈을 벌겠다는 계획은 앞선 시리즈에 비해 더욱 대담해졌습니다. '공원' 시리즈에서는 공룡을 복제해 볼거리로 만드는 것에 그친 데 비해, 〈쥬라기 월드〉에서는 유전자조작으로 공룡을 도구화해 더욱 큰돈을 벌려는 비뚤어진 인간의 욕망을 보여 줍니다. 하지만 전투용 공룡을 만들려는 회사의 의도는 계획대로 이뤄지지 않습니다. 테마파크는 사고로 아수라장이 되고, 자연의 복수가 시작됩니다. 쥬라기 월드 역시 앞서 쥬라기 공원처럼 폐허로 변하고, 결국 출입 금지 구역이 되지요.

후속 편 〈쥬라기 월드 2〉에서도 자연을 통제하고 싶은 인간의 욕망을 그립니다. 폐쇄된 쥬라기 월드에서는 여전히 공룡들이 살고 있습니다. 그런데 문제가 발생합니다. 쥬라기 월드가 위치한 섬에서 화산 폭발 조짐이 보이며 공룡들이 멸종 위기에 처한 것입니다. 미국 사회는 이들의 구출 여부를 놓고 찬반 논란에 휩싸입니다. 동물 보호론자들은 비록 복제되거나 유전공학으로 개량된 공룡들일지라도 엄연한 생명체인 만큼 이들을 구출해 내야 한다고 주장합니다. 반면에 구출 반대론자들은 공룡을 구해 줬다가 오히려 인간이 위험한 상황에 처할 수 있다고 역설합니다.

전편 〈쥬라기 월드〉에서 테마파크 쥬라기 월드를 운영하는 회사의 경영 책임자였다가, 일련의 사건을 계기로 동물 보호론자로 변신한 클레어는 공룡을 구하기 위해 백방으로 뛰어다니며 갖은 애를 씁니다. 그런 그에게 과거 쥬라기 공원을 만들었던 록우드의 재산 관리인 밀스가 접근합니다. 밀스는 클레어에게 공룡을 무사히 구출해 오면 인간 사회와 격리된 섬에 이들을 옮겨 보호하겠다고 말합니다. 클레어는 그 말만 믿고 과거에 연인이었던 오웬을 설득해 공룡 구출 작전에 나서지만, 알고 보니 공룡을 돈벌이로만 여긴 밀스의 계략이었습니다.

영화 전체를 관통하는 갈등의 축은 과학기술과 생명에 대한 인식의 대립입니다. 그 한쪽에는 공룡을 보호하거나 교감해야 할 대상으로 보는 클레어와 오웬 편에 있는 사람들이 있는 반면, 반대쪽에는 공룡을 포획하고 품종을 개량해 큰돈을 벌어들이려는 밀스 쪽 사람들이 있지요. 클레어와 오웬은 때로는 과학을 이용하지만 맹신하지 않고, 모든 생명과 자연을 공존해야 할 대상으로 여깁니다. 반면에 밀스는 과학의 성과를 악용하고자 하며, 그 과정에서 생명은 경시해도 된다는 일그러진 신념을 지니고 있습니다.

과학기술에 대한 맹신, 그 미래는?

밀스는 클레어와 오웬을 속여 쥬라기 월드에서 포획해 온 공룡들을 비밀 경매를 통해 세계 부호들에게 판매합니다. 억만장자들은 공룡을 소유해 자신의 부를 자랑하거나 특별한 사람들에게 선물하고 싶어 하지요. 공룡들이 높은 가격에 낙찰돼 흥이 난 밀스는 아직 개발이 덜 끝난 최첨단 전투용 공룡 시제품을 공개하고, 한 정치인의 베팅으로 미완성 공룡은 그 자리에서 상품이 되어 버립니다. 하지만 경매가 절정에 달한 순간, 오웬과 박치기 공룡의 난입으로 경매장은 아수라장이 되어 버립니다. 부호들은 자신들이 신기해하고 맹신하는 과학기술이 낳은 결과물들에 의해 받히고, 물리고, 내던져집니다.

한편 철창에서 풀려난 공룡들의 몸부림으로 지하에서 유독가스가 새어나오게 되면서 사건은 악화 일로로 치닫습니다. 밀스 일당에 의해 록우드의 저택 지하에 갇혀 있던 공룡들이 유독가스로 질식사할 위기에 놓인 거예요. 공룡들을 살릴 유일한 방법은 모든 문을 열어 밖으로 나가게 하는 것입니다. 클레어는 오웬의 만류에도 불구하고 공룡들을 살리기 위해 모든 문을 개방하는 버튼을 누르려고 하지만, 결국 포기합니다. 공룡들이 풀려나면 사람들이 사는 세계가 혼란에 빠질 것이 불 보듯 뻔하기 때문이지요. 그런데 이때, 옆에 있던 록우드의 손녀 메이지가 잽싸게 버튼을 눌러 공룡들이 밖으로 도망치도록 도와줍니다. 메이지는 버튼을 누른 이유를 이렇게 말합니다. "다 살아 있는 생명이잖아요. 저처럼."

록우드의 손녀로 알려진 메이지는, 사실 록우드가 일찌감치 죽은 자신의 딸을 복제해 낸 존재입니다. 딸의 유전자를 이용해 복제하긴 했지만, 메이지는 딸과는 또 다른 사람입니다. 그러니까 메이지는 록우드에게 딸이지만, 완전히 딸이라고도 할 수 없는 존재이지요. 그래서일까요. 록우드는 딸과의 다정한 한때가 담긴 사진을 보며 계속 딸을 그리워합니다.

영화에서 메이지와 공룡은 비슷한 상황에 처했다고 해석할 수 있습니다. 자신들의 의지와 상관없이 인간의 욕망에 의해 복제돼 태어났고, 비록 과학의 힘을 빌렸지만 엄연히 살아 있는 생명체입니다. 영화는 메이지를 통해 유전공학이라는 인위적인 기술로 세상에 태어난 그들 또한 생명체로서 존중받을 가치가 있다고 주장하는 듯합니다.

한발 더 나아가 생각해 본다면, 인류는 과학기술로 초래된 재앙과 결국 공존할 수밖에 없습니다. 공룡이 되살아난 세상을 하나의 자연조건처럼 받아들여야 하는 영화 속 이야기처럼 말입니다. 공룡이 인류를 위협한다 해도, 이는 인간이 만들어 낸 결과물이기 때문이지요. 따지고 보면 과학기술의 발전에 따른 부작용으로 인간이 감내해야 하는 고통과 불안은 이전부터 존재해 왔습니다. 기계문명의 발달로 인류는 대기오염, 지구온난화 등 전에 없던 현실과 마주하게 됐습니다. 또 핵무기를 개발해 적대국을 억누르려 했던 강대국의 욕망은 결국 또 다른 핵 보유 국가들을 만들어 내 인류는 핵전쟁으로 인한 공멸이라는 공포를 떠안게 됐습니다. 영화에서 6억 5,000만 년 전 지구에서 사라졌던 공룡이 인간의 이기심으로 다시 등장해 인류를 위협하게 된 것도 결국 이와 같은 맥락 아닐까요.

#6

페미니즘을
말하다

여성에게
자전거 타기를 허하라!

와즈다, 2012

감독_하이파 알 만수르
출연_와드 모하메드(와즈다 역) / 림 압둘라(엄마 역)

근대와 전근대의 충돌

2014년 파키스탄에서 참혹한 살인 사건이 벌어졌습니다. 부모가 반대한 결혼을 강행한 17세 딸을 가족들이 살해한 사건이었습니다. 17세 여성 무아피아 후세인은 31세의 한 남성과 사랑에 빠졌는데 그녀의 부모는 두 사람의 결합을 결사적으로 반대했습니다. "하찮은 부족 출신 남성"이라는 이유에서였죠. 무아피아는 집을 나가 결국 결혼을 했고, 부모는 '가족의 명예를 해쳤다'는 이유로 딸과 사위를 살해했습니다. 이른바 '명예 살인'•입니다.

파키스탄 인권위원회(Human Rights Commission)에 따르면, 2017년 6월부터 2018년 6월 사이 총 737건의 명예 살인이 발생했습니다. 파키스탄은 법적으로는 우리와 다를 바 없는 나라입니다. 누구든 자유롭게 연애를 하고 자신의 의지대로 결혼할 수 있습니다. 전근 대적인 신분 구분도 공식적으로는 존재하지 않습니다. 무아피아의 결혼은 법적으로 아무런 문제가 없었습니다. 다만 국민 대다수가 믿는 이슬람 전통이라는 인습이 무아피아를 비극으로 몰아넣었습니다.

보수적인 이슬람 사회에서 가족의 뜻에 거스르는 결혼은 큰 죄악 중 하나입니다. 특히 여성의 자유 결혼은 금기 사항입니다. 정치와 종교의 철저한 분리를 내세운 '세속주의 국가' 터키에서도 명예 살인은 흔히 일어나는 사건입니다. 독일에 정착한 터키 공동체 내부에서조차 간혹 명예 살인이 일어납니다. 근대적 사고가 보편화된 21세기인데도 여전히 전근대적인 전통이 남아 있는 것입니다. 현대 사회에서 지극히 당연해 보이는 무아피아의 사고방식은 전통 사회에서는 받아들여질 수 없는 것이었습니다. 현대와 전통이 충돌하면서 무아피아의 삶은 비극으로 끝난 셈입니다.

세상에는 양립하기 어려운 생각들이 함께 존재합니다. 다양한 사

● 혼외 성관계, 부적절한 의상 착용, 배교 등으로 가문의 명예를 더럽혔다며 가족 구성원이 다른 가족 구성원을 살해하는 것.

고방식과 규범들이 서로 대립하고 충돌하며 긴장을 형성하고 있지요. 21세기에 맞게 현대적 사고를 지닌 사람들이 있는 반면, 19세기의 생각으로 살아가는 사람이 여전히 있는 것입니다. 독일의 철학자 에른스트 블로흐 Ernst Bloch 는 이런 현상을 일컬어 '비동시성의 동시성(the Contemporaneity of the Uncontemporary)'이라고 말했습니다.

사우디아라비아 영화 〈와즈다〉를 보다 보면 '비동시성의 동시성'을 줄곧 생각하게 됩니다. 영화는 사우디아라비아라는 사회가 품고 있는 여러 이질적인 요소와 가치관들을 생생히 보여 줍니다. 여성에게 금지된 '자전거 타기'에 도전하는 한 소녀와 그의 어머니가 겪는 슬픈 현실을 통해 '비동시성의 동시성'을 어떻게 극복할 수 있을지 함께 생각해 볼까요?

'자전거 타기'라는 인생의 도전

주인공 와즈다는 자신의 생각이 뚜렷한 13세 소녀입니다. 여느 친구들과 달리 운동화를 즐겨 신고 팝 음악을 듣습니다. 자유분방한 그는 곧잘 선생님들의 눈에 거슬립니다. '문제 학생'으로 여겨지기 일쑤지요. 어느 날, 이웃집 소년 압둘라의 자전거가 와즈다의 눈에 들어옵니다. 압둘라가 와즈다의 머플러를 빼앗아 자전거를 타고 달아났던 거죠. 남녀의 격차가 신체나 정신이 아닌 도구에 의해서 벌어질 수 있음을 암시하는 장면입니다. 압둘라처럼 자유롭게 거리를 누비고 싶은 와즈다는 자연스럽게 자전거 타기에 집착합니다.

자전거를 사려고 팔찌도 만들어 보고, 연애편지도 몰래 전달해 주며 돈을 모아 보지만 쉽지 않습니다.

무엇보다 사우디아라비아에선 이슬람 율법에 따라 여성이 자전거를 타는 것이 금지돼 있습니다. 와즈다의 자전거 타기는 단순히 개인적 욕망이 아닌 사회적 금기와 맞닿아 있는 것이지요. 거리는 자동차들이 가득하고 가게엔 서구의 물품이 넘쳐 나는 사회이지만 와즈다는 단지 여성이라는 이유로 자전거를 탈 수 없습니다. 와즈다에게 가해지는 사회적인 억압은 와즈다의 어머니에게는 다른 식으로 적용됩니다. 와즈다의 어머니는 남편이 새 아내를 맞을까 노심초사하고 있습니다. 와즈다의 어머니가 아들을 낳지 못하고 있다는 이유만으로 집안 어른들이 새장가를 권유하자, 남편이 두 번째 결혼을 준비하고 있는 것이지요. 이렇듯 영화는 단순히 와즈다의 자전거 타기와 와즈다 어머니의 불행에만 초점을 맞추지 않습니다. 사우디아라비아 사회 속에 담긴 '비동시성의 동시성'이 빚어낸 역설적인 현실을 스크린에 투영합니다.

와즈다와 그의 어머니가 가족사진이 담긴 머그잔을 함께 들여다보는 장면이 있습니다. 카메라는 머그잔 바닥에 찍힌 '메이드 인 차이나(Made in China)'라는 문구를 잠시 보여 줍니다. 21세기는 어느 나라 상품이든 자유롭게 국경을 넘나드는 '세계화'의 시대라는 것을 암시하지요. 세계화는 국가와 민족이라는 전통적 구분이 허물어진 상황을 의미합니다. 전통 사회의 남녀 차별도 구시대의 유물이 된 시대이지요. 세계 곳곳이 하나의 마을처럼 촘촘히 연결된 시대가 되었는데도, 와즈다와 그의 어머니에게 씌워진 전통의 굴레는 여전합니다. 상품이 자유롭게 세계를 오고가는 21세기의 모습 위로 와즈다가 처한 전근대적 사회의 전통이 포개집니다. 함께하기 어려워 보이는 현상이 동시에 존재하는 것이지요.

'비동시성의 동시성'을 떠올리게 하는 비슷한 장면들이 또 있습니다. 와즈다의 어머니는 집에서 서구적 방식으로 생활합니다. 널따란 거실에서 에어컨 바람을 쐬며 친구와 전화로 수다를 나누는가 하면, 가스레인지로 밥을 하고 청바지와 티셔츠를 즐겨 입습니다. 서구의 여성들처럼 백화점에 가서 드레스를 사려고도 합니다. 그러나 와즈다의 어머니는 자신이 요리한 음식을 남편과 그의 친구들에게 직접 대접할 수도 없고, 함께 식사를 할 수도 없습니다. 남편 아닌 다른 남자와 자리를 함께해서는 안 되기 때문입니다. 외출을 할 때는 집 안에 있을 때와는 달리 이슬람 전통 의상인 히잡으로 머리부터 발끝까지 꽁꽁 감추고 밖에 나섭니다. 집 안에서 가족과 있을 때는 서구의 생활양식을 받아들여 살다가도 남자들과 접촉하거나 외출을 할 때는 이슬람 전통과 관습을 고스란히 따라야 하는 것이지요. 세계화에 따라 행동 양식과 사회규범이 빠르게 변하고 있는 요즘, 꽤나 시대착오적인 일이지요? 우리는 이런 불합리함을 어떻게 극복해야 할까요?

인습을 극복하는 용기

사우디아라비아뿐 아니라 모든 사회에는 '비동시적인 것들'이 같은 시공간에 존재합니다. 우리 주변만 살펴봐도 이질적인 문화와 가치관이 함께 공존하며 서로 힘겨루기를 합니다. 명절날 여러분의 할머니와 어머니가 펼칠 수도 있는 신경전을 예로 들어 볼까요. 할머니는 어렸을 적부터 몸에 익은 방식대로 많은 음식들을 직접 만들어 명절을 맞이하려 합니다. 며느리인 어머니의 생각은 반대입니다. 굳이 예전처럼 명절 음식을 준비할 필요가 없다고 생각합니다. 필요하다면 이미 만들어진 음식을 주문해 차례상을 차리거나 가족끼리 해 와서 나눠 먹어도 된다고 생각합니다.

음식을 준비할 때 남자들이 동참해야 하는지에 대해서도 의견이 엇갈릴 수 있습니다. 전통적 사고를 지닌 할머니는 남자들의 부엌일이 못마땅하고, 남녀평등 의식을 지닌 어머니는 당연히 같이 해야 할 일로 생각할 수 있습니다. 가부장제가 점점 사라지고 남녀 차별이 약해진다면 어머니의 의견이 조금씩 힘을 발휘해 갈 것입니다. 그렇게 비동시성의 동시성이 만들어 내는 불합리한 상황은 조금씩 개선될 가능성이 있습니다.

다시 영화로 돌아와 볼까요. 와즈다는 자전거를 살 요량으로 쿠란 퀴즈 대회의 상금을 노립니다. 그는 독한 마음으로 쿠란 공부를 해 퀴즈 대회에서 우승을 차지하지만, 상금은 와즈다의 몫이 아닙니다. "상금으로 자전거를 살 것"이라는 와즈다의 수상 소감이 화근

이 되어, 교장 선생님이 상금 전액을 팔레스타인 사람들에게 강제로 기부해 버렸기 때문입니다. 쿠란은 전통과 인습을 상징합니다. 전통적 틀 안에서 문제를 해결하려 했던 와즈다는 결국 커다란 벽에 부딪히지요.

와즈다의 소원은 어머니에 의해 풀립니다. 와즈다에게 여자는 자전거를 타서는 안 된다며 인습을 강요했던 어머니는 자신이 그런 폭력적 금기의 피해자임을 깨닫습니다. 동시에 딸이 자신과 같은 피해자로 살기를 원치 않지요. 자전거 타기라는 불가능한 도전에 나서는 와즈다의 용기와 자신의 잘못된 편견을 버리게 된 어머니의 변화는 결국 와즈다의 성공적인 자전거 질주로 이어집니다.

영화를 만든 하이파 알 만수르Haifaa al-Mansour는 사우디아라비아 최초의 여성 감독입니다. 〈와즈다〉는 사우디아라비아에서 만들어진 첫 장편영화이기도 합니다. 중동에서 가장 보수적인 국가로 꼽히는 사우디아라비아에서는 영화 상영을 우상 숭배로 여겨 금지하고 있기 때문에, 영화를 만들려는 사람이 없었거든요. 촬영 과정은 와즈다의 자전거 타기처럼 우여곡절이 많았습니다. 보수적 남성들로부터 어디 감히 여자가 자전거 타는 모습을 영화로 찍을 수 있느냐는 항의를 받았고 살해 위협도 이어졌습니다. 하이파 감독은 야외촬영을 할 때는 승합차 안에서 모니터를 보며 무전기로 배우들의 연기를 지도했고, 스태프에게 지시를 내렸습니다. 여자는 공공장소에서 남자와 대화할 수 없기에 그렇게라도 해야 했던 것입니다. 현대적

인 기계인 카메라로 영화를 만들면서도 전근대적인 저항에 부딪힌 꼴이지요. 영화 밖 '비동시성의 동시성'이라 할 수 있습니다.

2012년 사우디아라비아에서 영화가 개봉된 뒤 작지만 의미 있는 변화가 일어났습니다. 율법이 수정돼 2013년 4월부터 사우디아라비아에서 여성의 자전거 타기가 허용됐습니다. 스크린 안의 작은 기적이 극장 밖으로 이어진 것입니다. 이슬람 사회의 잘못된 관습에 대한 하이파 감독의 용기 있는 고발이 이끌어 낸 결과이지요.

영화의 마지막 장면에서 와즈다는 골목길을 자전거로 돌다가 자동차가 내달리는 큰길 앞에서 멈춰섭니다. 큰길은 와즈다 앞에 닥친 새롭고 더 큰 도전을 암시하는 듯합니다. 소녀 와즈다는 자전거 타기보다 더 큰 자신의 바람을 이룰 수 있을까요? 그릇된 옛것이 현실에 그대로 남아 영향을 끼치는, 비동시성의 동시성의 시대에 와즈다는 어떤 삶을 살게 될까요?

그녀는 왜 얼굴 없는 화가로
살아야 했을까

빅 아이즈, 2015

감독_팀 버튼
출연_에이미 아담스(마가렛 킨 역)
크리스토프 왈츠(월터 킨 역)

'제2의 성' 으로 살아가는 여성

조르주 상드^{George Sand}는 19세기 프랑스 문단에서 활동했던 여성 작가입니다. 그는 이혼한 뒤 두 자녀를 키우며 작가로서의 삶을 시작했어요. 그가 처음 발표한 소설 『앵디아나』는 단숨에 대중적인 인기를 끌었지만, 평론가들의 반응은 호락호락하지 않았습니다. 남성들이 주도하던 문인 사회에서 여성인 상드의 입지가 좁았기 때문입니다. 그 뒤 상드는 이러한 제약에서부터 자유로워지고자 당대 여인들과 달리 담배를 피우고 남장을 하며 활발한 작가 활동을 했습니다. 시간이 흐르면서 상드는 자신의 재능을 문단으로부터 인정받고, 문인들과도 자유롭게 교류한답니다. 후대 사람들은 상드가 남장을 하고 남성과 같은 행동을 했기에 작가 협회 가입이 가능했을 것이라고 이야기하죠.

한국에도 비슷한 사례가 있습니다. 바로 남장을 한 여성 정치인으로 유명한 김옥선 전 국회의원입니다. 그는 늘 남성 정장을 입고 넥타이를 맨 채 국회에 출석했는데, 놀라운 것은 국회의원이 되기 전인 1950년대부터 이미 남장을 해 왔다는 사실입니다. 그 이유 중 하나는 19세라는 젊은 나이에 사회·교육 사업에 뛰어들었기 때문이라고 합니다. 여성의 사회 활동을 곱게 보지 않던 시절이었기에, 운신의 폭을 넓히기 위해 남장을 했던 것이지요.

상드와 김 전 의원의 사연은 가부장적 문화가 지배하던 시대에 여성이 어떻게 살아야 했는지를 시사합니다. '여자'라는 성(性)을 최대한 감추며 살아가야 했던 두 사람의 삶은 여성이 남성과 달리 독립된 주체로 대우받지 못했던 당대의 현실을 보여 주지요. 여성에 대한 이런 전근대적인 통념은 프랑스 여성 작가 시몬 드 보부아르 Simone de Beauvoir 가 언급한 '제2의 성(性)'이라는 개념을 떠올리게 합니다. 보부아르는 1949년 『제2의 성』이라는 책에서 이 개념을 처음으로 소개하며, 여성이 그동안 남성에 의해 만들어진 '제2의 성'으로 살아왔다고 주장합니다. 그는 여성의 조건이 생물학적으로 타고난 것이 아니라 역사적으로 주어진 것이라며, '여성이 남성에 비해 열등하다'는 선입견을 통렬히 비판했지요.

영화 〈빅 아이즈〉에서는 마가렛이라는 여자 주인공의 사연을 뼈대로 1950년대 여성의 차별적인 삶을 그려 냅니다. 여성이기에 재능이 있어도 앞으로 나서지 못하고, 주인공을 대신한 남성이 모든 이익과 명예를 가로채는 모습을 그리며, '제2의 성'으로 차별받았던 여성의 삶을 그대로 보여 주지요. 영화를 통해 남성 중심 사회가 어떻게 여성을 억압했는지, 또 '제2의 성' 문제를 어떻게 극복할 수 있을지 생각해 볼까요?

단지 여자라는 이유만으로

주인공 마가렛은 딸과 함께 첫 남편에게서 도망칩니다. 당대의 사회 풍토는 남편 없는 여성을 따스하게 껴안지 않는 분위기였습니다. 가구 공장에 취직하려는 마가렛에게 면접관은 능력과는 무관한 질문을 합니다. 남편과는 왜 안 사는지 물어보며, 남편 없는 여성이 과연 일을 잘 해낼 수 있을지 의구심 어린 눈빛으로 바라보지요. 싱글맘인 마가렛은 주말마다 공원에 나와서 사람들의 초상화를 그려 주고 돈을 버는데, 이때도 그를 대하는 뭇 남성들의 태도는 고압적입니다. 어떤 사람은 마가렛이 요구한 그림값의 일부를 자선하듯이 던져 주고 가기도 합니다. 거리의 화가로 나선 여성을 깔보는 시각이 은근히 배인 행동이지요.

마가렛은 공원에서 만난 화가 월터와 결혼을 결심하게 되는데요. 그 결정적인 계기에는 경제활동에서 소외되었던 당시 여성의 현실이 자리하고 있습니다. 마가렛은 생활 능력이 부족하다는 이유로 전 남편에게 딸의 양육권을 빼앗길 위기에 처한 상태였습니다. 이런 상황에서 위기를 극복할 수 있는 현실적인 방법은 다른 남성(월터)과의 결혼이었던 것이지요.

이렇듯 보부아르가 '제2의 성'이라고 표현한 여성의 부당한 사회적 위치는 〈빅 아이즈〉에서 구체적으로 묘사됩니다. 보부아르는 가부장적 문화 속에서 "여성은 남성과의 관계에서 존재하는 우연한 존재"라고 말한 바 있습니다. 그동안 여성은 남성으로부터 독립적으로 살아갈 수 없는 존재로 여겨져 왔다는 뜻인데, 보부아르는 이것이 '남성은 주체적인 반면 여성은 의존적'이라는 편견 때문이라고 설명합니다.

마가렛이 단지 여성이라는 이유만으로 겪어야 했던 불이익은 이 정도로 그치지 않습니다. 평소 '눈을 영혼의 창'이라고 여겼던 마가렛은 주로 큰 눈을 가진 아이를 그림의 소재로 삼았는데, 결혼 후 월터가 이 작품을 자신의 것처럼 속여 팔면서 마가렛의 불행은 깊어지거든요. 월터는 남다른 말재주와 친화력을 발휘해 마가렛의 그림을 대중에게 판매합니다. 월터의 사업 수완에 힘입어 마가렛의 독특한 그림은 '빅 아이즈(Big Eyes)'로 불리며 선풍적인 인기를 끌지요. 문제는 월터가 마가렛의 모든 그림을 마치 자신의 그림인 양

사람들에게 속인다는 것이었습니다. 그림이 잘 팔렸기에 마가렛도 경제적 안정을 누리게 됐지만, 마가렛은 자신의 일부라고 생각한 그림에 월터의 이름이 걸리는 상황을 보고 충격에 빠집니다.

심지어 월터는 '빅 아이즈'의 원작자라고 우기는 것도 모자라, 마가렛에게 그림을 그려 내라고 다그칩니다. 마가렛은 골방에 숨어서 피폐한 정신으로 온종일 그림을 그려야 했지요. 월터가 화가 행세를 하며 마가렛을 착취하는 모습은 가부장적 시대에 불평등했던 남녀 관계를 선명하게 보여 줍니다. 사회적으로 왕성하게 활동하는 월터가 아니었다면 마가렛의 '빅 아이즈'는 대중과 만날 기회조차 없었을지도 모릅니다. 그 당시 여성은 남성에게 의존하지 않고서는 자유롭게 사회생활을 할 수도, 성과를 온전히 대우받기도 힘들었기 때문입니다.

물론 월터의 악행을 일찌감치 막지 못한 마가렛에게도 잘못은 있을 것입니다. 하지만 이 거대한 사기극이 가능했던 데는 당시의 성차별적인 사회 분위기가 한몫했습니다. '여성이 예술적 성취를 얼마나 이룰 수 있겠느냐'는 편견, 여성의 사회 활동을 억누르던 당시의 풍토…. 이런 것들 때문에 마가렛은 본의 아니게 월터의 거짓말에 동조하게 됐을 것입니다.

빼앗긴 권리를 되찾다

한편 마가렛의 그림이 세상에 알려지는 과정에서는 비이성적이고 유행에 휩쓸리게 마련인 대중의 편견이 드러나기도 합니다. 월터가 마가렛의 그림을 화랑에 처음 가져갔을 때 화랑 관계자는 작품을 높이 평가하지 않습니다. 예술적 가치가 크지 않다고 보았던 것이지요. 그러자 월터는 꾀를 내 유명인이 찾는 술집에서 전시회를 열었고, 뜻하지 않은 사건을 통해 마가렛의 그림이 세간의 화제를 모으게 됩니다. 술집 주인이었던 유명 재즈 연주자와 몸싸움을 벌인 것이 언론의 가십으로 다뤄지면서 '빅 아이즈' 그림이 덩달아 대중에게 알려지게 된 것입니다. 그때부터 월터는 언론을 이용해 그림의 지명도를 높이는 한편, 유명 인사가 그림을 사 갔다는 사실을 화려하게 포장해 그림을 팔기 시작합니다. 유행에 쉽게 휩쓸리는 대중의 성향을 간파해, 이를 상업적으로 이용한 것이지요.

대중이 '빅 아이즈'에 열광할수록 창작자인 마가렛은 더욱 초라해집니다. 괴로워하던 마가렛은 세간에서 남편 월터의 작품으로 굳어져 버린 '빅 아이즈'를 대신해, 자신의 정체성을 표현한 다른 풍의 그림을 그려서 전시합니다. 이때 대중은 무명의 여류 화가인 마가렛의 그림을 그냥 지나치는 반면, 미술 평론가는 남다른 안목을 가지고 그림의 실체와 작가의 진정성에 조금이라도 접근하려 합니다. 영화는 대중의 비이성적인 반응과 평론가의 시선을 대비시키며, 대중적 열광이 그릇된 편견으로 굳어지는 모습을 보여 줍니다.

마가렛이 세상의 편견에 맞서 자신의 온전한 권리를 되찾고 진실을 밝히게 되기까지는 시대의 변화와 용기, 주위의 도움이 필요했습니다. 그가 월터의 손아귀에서 벗어나 하와이에 정착한 시기는 1970년대 초반입니다. 1950년대에 비하면 여성의 권리가 조금이나마 확대되었던 때이지요. 성장한 딸이 용기를 불어넣어 준 것도 큰 영향을 주었습니다. 마가렛은 월터의 부당한 요구에 더 이상 응하지 않고, 소송으로 자신의 권익을 찾으려 합니다. 영화에서 자세히 묘사하고 있지는 않지만, 소수 기독교 종파를 전도하러 다니던 동양계 여성들이 응원해 주었으리라 추정할 수 있습니다. 소수 종파의 동양계 여성은 미국 사회에서 사회적 약자 중 약자라 할 수 있습니다. 누구도 자신의 집에 들이지 않고 친구도 사귀지 않으려 했던 마가렛은 이들에게 마음의 문을 엽니다. 그는 친구가 된 동양계 여성들이 지켜보는 재판정에서 월터에 맞서 진실을 밝혀 갑니다. 약한 자들의 연대가 세상의 편견을 극복하고 부당한 현실을 바꿔 나갈 수 있다고 영화는 넌지시 이야기합니다.

보부아르는 저서 『제2의 성』에서 "여성은 여성으로 태어나는 것이 아니라 여성으로 만들어진다."라는 명언을 남겼습니다. 타고난 여성성 같은 것은 애초에 존재하지 않으며, 여성의 한계를 문제 삼기 전에 여성을 수동적인 존재로 규정한 사회부터 돌아봐야 한다는 뜻입니다. 영화 〈빅 아이즈〉가 그리고 있는 1950~1960년대 미국 사회는 여성의 사회 활동은 물론, 예술가로서의 여성의 삶 자체도 온전히 인정받지 못했던 시절이었습니다. 그런 세상 속에서 마가렛은 결국 자신의 예술을 되찾는 길을 선택합니다. 마가렛의 용기에 박

수를 보내고 싶은 것은 이 때문일 것입니다.

　한때 한국에서 여자는 한 집안을 대표하는 호주(戶主)나 세대주가 될 수 없었습니다. 남성 중심의 호주제에서 여성은 부수적인 존재로 여겨졌기 때문입니다. 이 때문에 미혼모는 자신이 낳은 아이를 가까운 친인척의 호적에 올려야 했습니다. 결혼한 여성은 자신의 호적을 남편 쪽으로 무조건 옮겨야 했던 탓에 유산 상속에서 불리했고요. 하지만 남녀평등 의식이 높아지고 이에 대한 비판의 목소리가 이어지면서, 2008년 호주제는 폐지되었습니다. 마가렛이 자신의 그림을 되찾는 과정과 비슷하지 않나요? 여러분은 어떻게 생각하나요? 우리 사회에 아직도 마가렛과 같이 부당한 대우를 받는 여성이 있다고 생각하나요?

무자비한 세상에
여성 전사들은 어떻게 맞설까

매드 맥스: 분노의 도로, 2015

감독_조지 밀러

출연_톰 하디(맥스 로켓탄스키 역) / 샤를리즈 테론(임페라토르 퓨리오사 역)

니콜라스 홀트(눅스 역)

여성의 권리가 후퇴한 디스토피아, 시타델

여러분은 여성이라는 이유로 투표를 할 수 없다는 사실에 대해 어떻게 생각하나요? 조선 시대 이야기라고 생각하겠지만, 남성 우월주의가 득세하는 몇몇 이슬람 국가에서는 여전히 여성에게 투표나 여행이 허락되지 않습니다. 사실 여성에게 참정권이 처음 주어진 것은 19세기 후반으로 비교적 최근의 일이지요.

17세기 서구 사회에 시민혁명을 통한 근대적 민주주의가 등장하면서, 일정한 재산을 지닌 남성들이 투표로 국가 지도자를 선출하게 되었습니다. 그리고 시간이 흘러 노동자 계층이 성장하면서 보통선거의 개념이 도입됐지요. 이로써 재산의 많고 적음에 상관없이 모든 남성이 동등하게 투표에 참여하게 됐습니다. 그럼에도 여성에게 참정권이 주어진 것은 훨씬 나중의 일입니다. 1893년 뉴질랜드에서 최초로 여성에게 참정권이 주어지긴 했지만, 이후 다른 나라로 확산되기까지는 꽤 오랜 시간이 걸렸으니까요. 미국의 경우 1920년에 비로소 여성이 남성과 동등한 참정권을 갖게 됐습니다. 근대적 민주주의 발전에 선구적인 역할을 해 온 영국은 미국보다 늦은 1928년에 이르러서야 여성이 선거를 할 수 있게 됐지요.

영화 〈매드 맥스: 분노의 도로〉는 그나마 이처럼 앞으로 나아간 인류의 역사가 뒷걸음치게 된 미래 사회를 배경으로 합니다. 핵전쟁으로 지구가 멸망하다시피 한 가까운 미래, 물과 기름을 독차지한 독재자 임모탄은 '시타델'이라는 나라를 다스립니다. 그런데 그곳에서는 여성이 그저 대를 이을 자식을 낳고 에너지원으로 쓰이는 모유를 제공하는 존재일 뿐, 아무런 힘이 없습니다.

분노하는 여전사의 출현

이 영화는 1979년에 첫선을 보인 〈매드 맥스〉 시리즈의 네 번째 편으로, 이전 작품들에서 주인공은 줄곧 맥스였습니다. 전직 경찰관 맥스는 자원이 고갈된 미래 사회에서 생존을 위해 악당과 치열한

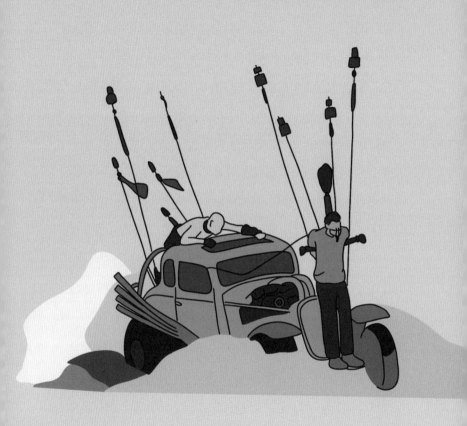

사투를 벌여 왔지요. 그런데 이번 〈매드 맥스: 분노의 도로〉는 기존의 시리즈와 달라도 참 많이 다릅니다. 맥스가 여전히 주요 인물로 등장하긴 하지만, 주인공이라는 수식은 여전사 퓨리오사에게 더 잘 어울리지요. 맥스는 그저 퓨리오사가 일으킨 반란에 우연히 휩쓸렸다가, 그녀 일행의 모험에 동참하게 되면서 그들을 돕는 인물로 그려집니다. 존재감이 약해진 맥스라니, 뭔가 아쉬울 것 같지만 신기하게도 영화의 이야기 전개에는 아무런 문제가 없습니다.

퓨리오사는 어릴 적 임모탄의 부하들에게 납치되어, 시타델의 사령관으로 성장했습니다. 하지만 사람을 도구처럼 여기는 시타델에서 벗어나 정든 고향 땅으로 돌아가고 싶다는 절실한 소망을 늘 품어 왔지요. 그곳은 '많은 어머니들의 녹색 땅'이라 불리는 곳이었습니다. 퓨리오사는 목적의식이 뚜렷하고 새로운 삶을 살겠다는 의지가 강합니다. 이에 비해 맥스는 이렇다 할 꿈도 없고 오직 생존이 목표일 뿐이지요. 능동적인 퓨리오사가 수동적인 맥스를 대신해 영화 전개의 주도권을 잡는 것은 어쩌면 당연한 결과일 겁니다.

영화라는 장르는 의도하든 의도치 않든 시대를 반영하게 마련입니다. 이 시리즈의 3편이 나온 이후 4편이 나오기까지는 30년의 시간이 걸렸습니다. 그동안 변화해 온 세상은 영화의 내용에 영향을 미칠 수밖에 없지요. 지난 30년간 여성들은 자신들의 권리를 찾기 위해 주류 사회와의 싸움을 주저하지 않았습니다. 미국의 유명 여성운동가 글로리아 스타이넘Gloria Steinem이 그 대표적인 인물이지요. 그녀는 1972년에 여성 잡지 〈Ms〉를 창간하면서, 여성과 남성을 부르는 호칭이 차별적이라는 것에 반기를 들었습니다. 남성에겐 결혼 여부와 상관없이 'Mr'란 호칭을 붙이면서, 여성은 결혼 전에는 'Miss'로, 결혼 후에는 남편의 성을 따서 'Mrs'로 지칭하는 것이 부당하다고 주장했지요. 그녀는 이 문제를 바로잡자는 의미로 잡지에 'Ms'라는 이름을 붙였습니다. 아마도 이런 식의 노력들이 조금씩 쌓이고 쌓여, 사회에 변화의 바람을 불러일으킨 게 아닐까요? 〈매드 맥스: 분노의 도로〉는 이전 작품들과는 확실히 결이 다른 모습을 보여 줍니다.

영화의 주요 배경인 시타델은 극단적인 가부장제 사회입니다. 독재자 임모탄은 신적 존재이자 만인의 아버지로 추앙받으며 시타델을 지배하지요. 일부다처제 속에서 태어난 시타델의 모든 남자들은 '워보이(war boy)'라는 이름의 전투 요원으로 길러지는데, 임모탄은 그들에게 조국을 위해 공을 세워야 천국에 갈 수 있다고 세뇌시킵니다. 이로써 그는 자신이 구축한 체제를 강고히 지켜 내지요. 임모탄에서 여성은 아이를 낳는 기계로 전락하거나 모유를 짜내는 도구로만 쓰입니다. 핵전쟁으로 기존의 문명이 파괴되고 지구가 황폐해지면서 양성평등 같은 가치들이 한없이 퇴보한 것입니다.

영화는 이런 남성 중심적 사회에 냉소와 비판을 보냅니다. 그러면서 맥스를 시타델의 '나쁜 남성들'과 매우 다른 모습으로 그리지요. 그는 전쟁에 임할 때도 전면에 나서기보다는 묵묵히 자기편을 돕습니다. 특히 맥스와 퓨리오사가 힘을 합쳐 깜깜한 사막지대에서 적을 물리치는 장면은 인상적입니다. 안개로 인해 시야가 흐려진 데다 총알도 한 발밖에 남지 않은 절체절명의 상황! 맥스는 퓨리오사에게 총을 넘기고 그녀가 정조준을 하도록 어깨를 빌려 줍니다. 영화는 맥스가 혼자서 악당들을 물리치는 모습을 보여 주지는 않습니다. 퓨리오사의 활약과 맥스의 조력은 상세히 다루지만, 맥스 혼자만의 활약상은 굳이 비추지 않는 거죠.

모든 생명체를 품는 '어머니의 땅'

영화 속 디스토피아가 만들어진 과정은 도입부에서 간단하게 소개됩니다. 석유를 둘러싼 다툼이 핵전쟁으로 이어지고, 핵전쟁 뒤 황폐화된 지구는 물 부족에 시달립니다. 무분별한 자원개발과 자원을 둘러싼 약탈적 쟁탈이 결국 인류를 절멸의 위기에 몰았으며, 생태계까지 망가뜨리게 된 것입니다.

인류를 위기에 빠뜨린 '나쁜 남성'들 반대편에는 여성들이 있습니다. 적을 물리치고 마침내 고향에 당도한 퓨리오사는, 자신의 동족 '부발리니' 전사들을 만납니다. 육십 대 이상의 여성들로 구성된 이들 역시 험난한 세상에서 스스로를 지키기 위해 중무장한 상태이긴 하지만, 세상을 바라보는 눈은 시타델의 남성들과는 사뭇 다릅니다. 풍부한 감수성을 가진 이들은 각종 씨앗을 소중히 지니고 다니며 땅에 씨를 뿌리고, 그것이 결실을 맺기를 기다리지요. 이들이 오염된 고향을 뒤로하고 시타델을 정복하는 결말은 인류에게 희망을 전합니다. 그들이 인류의 삶을, 지구의 모습을 예전으로 되돌릴 수 있을 것을 암시하거든요.

부발리니 전사들은 그리스신화에 나오는 대지의 여신, '가이아(Gaia)'를 연상시킵니다. 대지가 모든 생명의 터전이라는 점에서, 가이아는 지구를 상징한다고도 할 수 있습니다. 영국의 과학 저술가 제임스 러브록James Lovelock은 이에 착안해 지구를 생물과 대기권, 대양, 토양들로 연결된 하나의 유기체로 정의하고 '가이아'라 지칭했습니다. 지구를 하나의 거대한 생명체로 상정하고 '가이아'라는 그리스 여신 이름을 은유적으로 붙인 것입니다. 러브록은 가이아가 생명체로서 항상성을 유지하려면, 무분별한 자원 개발을 막고 지구의 유기적 시스템을 유지할 수 있도록 노력해야 한다고 주장했습니다. 퓨리오사가 되돌아가려는 '많은 어머니들의 녹색 땅'도 지구를 하나의 생명으로 여기는 곳이지요.

이 영화를 단순히 오락성 짙은 상업 영화나 유토피아를 그리는 SF 영화로만 인식하는 것은 곤란합니다. 주인공이 누구인지, 그 주인공이 무엇을 원하는지 하나씩 살펴보면 이야기가 훨씬 입체적으로 다가오기 때문입니다. 퓨리오사가 독재자 임모탄에게 반기를 든 뒤, 기존 체제를 무너뜨리고 새로운 질서를 만들어 가는 모습에서는 여성들이 치열하게 여권 신장 운동을 한 과거의 역사가 자연스럽게 떠오릅니다. 또 독선적이고 가부장적인 남성들과 비교되는 맥스의 모습은 여성과 협력할 줄 아는 남성이 인류의 구원에 도움을 줄 것이라는 생각으로 이어지죠. 그런가 하면 영화는 양성평등과 환경문제를 절묘하게 연결 지으며, 조화로운 삶이 인류의 평화에 어떤 영향을 끼치는지 짐작해 보도록 합니다.

영화의 마지막, 시타델의 새로운 지배자로 추앙되는 퓨리오사는 군중 사이로 사라지는 맥스를 내려다봅니다. 이어서 화면에는 최초의 인류가 남겼다는 다음과 같은 자막이 떠오르지요. "희망 없는 세상을 방황하는 우리가 더 나은 삶을 위해 가야 할 곳은 어디인가?" 어쩌면 이상적인 세상은 없을지 모릅니다. 최초의 인류에게조차 세상은 절망적이었기에, 앞으로 나아가기 위한 몸부림 자체가 끊임없는 고민을 안겨 줬을 수도 있습니다. 부조리한 현실에 순응하지 않고 새로운 질서를 만들어 가는 일은 인류의 어쩔 수 없는 숙명일지 모르지요.

임모탄의 독단적인 지배에서 보듯, 남성 중심의 역사는 전쟁과 폭력, 착취와 억압을 가져왔습니다. 그런 폭압적인 사회에서 소외되고 억압받은 여성들은 생명에 대한 연민을 바탕으로, 인간과 인간, 인간과 자연 사이의 조화를 추구해 왔지요. 영화는 여성들이 키워 온 보살핌, 공감, 연민 등의 가치를 중심에 둘 때 비로소 평화로운 미래가 열린다고 암시합니다. 무자비한 세상을 구원하는 것은 스스로 희망의 길을 헤쳐 나가려는 여성 전사들의 강한 연대라고 말입니다. 참혹한 현실에서 벗어나기 위해 여성들은 분노의 도로로 직접 나섰습니다. 서로를 구원하기 위해 희망을 스스로 찾아 나선 그들이야말로, 새로운 세상을 꿈꿀 수 있는 자격을 지닌 것 아닐까요.

나는 여중생, 미혼모입니다

굿바이 싱글, 2016

감독_김태곤

출연_김혜수(주연 역) / 마동석(평구 역) / 김현수(단지 역)

입양 권하는 사회의 비밀

오늘의 이야기는 '베이비 박스(Baby Box)'에서 시작합니다. 베이비 박스는 부득이한 사정으로 아이를 키울 수 없는 부모가 아이를 두고 갈 수 있도록 마련한 작은 공간입니다. 정상적으로 보호받지 못하는 어린 생명을 구하기 위해 만들어진 것이지요. 우리나라에서는 지난 2009년, 주사랑공동체교회 이종락 목사가 처음으로 베이비 박스 운영을 시작했습니다. 지금까지 부모가 누군지 알 수 없는 900

여 명의 아기들이 이곳을 거쳐 갔다고 해요.

'천륜(天倫)'이란 부모 형제 사이에서 마땅히 지켜야 할 도리를 뜻합니다. 그 어떤 도덕보다도 중요한, 사회의 근간을 이루는 것이라 해서 '하늘의 도리'라고 표현했겠지요. 그런데 부모가 자신의 핏줄인 아이를 버린다니, 이것이야말로 천륜을 어기는 행위라고 할 수 있습니다. 물론 이는 부모가 된 입장에서 가장 피하고 싶은 일이겠지만, 아이를 방치하거나 심지어 버리기까지 하는 사건은 우리 사회에서 부지기수로 일어납니다.

6·25 전쟁으로 인해 부모를 잃고 미국 등 해외로 입양된 아이들이 많다고 하지만, 전쟁이 끝난 지 한참이나 지났고 세계가 주목하는 경제성장을 이뤘음에도 우리나라는 여전히 '아기 수출국'이라는 오명을 지우지 못하고 있습니다. 미국 국토안보부(DHS)가 최근 발표한 자료에 따르면, 2017년 미국으로 입양된 전 세계 아동은 모두 4,741명이었는데 이 중 5.8%에 해당하는 276명이 우리나라 아동이었다고 합니다. 이는 중국(1,905명)과 에티오피아(313명)에 이어 세 번째로 많은 수였습니다. 중국이야 인구가 14억 명에 달하는 대국이고, 에티오피아는 오랫동안 경제적인 어려움을 겪고 있는 나라입니다. 인구와 경제력을 따져 봤을 때 우리나라 아동의 미국 입양 규모가 이렇게나 크다는 사실은 선뜻 받아들이기 어렵습니다. 과연 우리나라에 이처럼 해외 입양아가 많은 이유는 무엇일까요?

많은 사람들은 우리 사회의 편견을 꼽습니다. 보건복지부 산하

아동권리보장원(예전의 중앙입양원)에 따르면, 우리나라에서 해외로 입양되는 아이들 중 95%가 미혼모의 자녀라고 합니다. 미혼모란 결혼하지 않은 상태에서 임신을 했거나 출산 후 혼자 힘으로 아이를 양육하고 있는 여성을 말합니다. 사회적으로 미혼모를 곱지 않은 시선으로 바라보는 경우가 많고, 미혼모 가정에 대한 국가적 지원도 미미해 눈물을 머금고 아이를 입양 보내기로 한 것이겠지요.

우리 사회에는 혼인한 남녀만 아이를 낳아야 하고, 그렇게 태어난 아이만이 정당한 대우를 받을 수 있다는 생각이 뿌리 깊게 박혀 있습니다. 이런 편견에 대해 영화 〈굿바이 싱글〉은 우리에게 다음과 같은 질문을 던집니다. 여자는 결혼하지 않고 임신했다는 이유로 비난받아야 하는 걸까요? 이에 대한 책임은 분명 부모 모두에게 있는데 왜 여자만 모든 짐을 짊어져야 하는 걸까요?

그 많은 미혼부는 어디로 갔을까

영화의 중심인물은 주연과 단지입니다. 두 사람의 삶은 매우 대조적입니다. 사십 대임에도 여전히 싱글로 살고 있는 톱스타 주연은 연하의 남자 친구와 사귀며 화려한 삶을 즐깁니다. 넓고 근사한 집에 살면서 명품 옷을 입고, 고급 자동차를 몰고 다니며 세상 사람들의 부러움을 한 몸에 받고 있지요. 그녀는 남들의 눈치 따위는 보지 않고 거침없이 자기 생각대로 말하며 행동합니다. 스타 배우라는 사회적 지위가 남부러울 것 없는 삶을 보장하는 것입니다.

반면에 언니와 단둘이 단칸방에서 변변찮게 살고 있는 16세 여중생 단지의 삶은 어둡기만 합니다. 안 그래도 팍팍한 생활에 임신이라는 뜻하지 않은 문제까지 떠안게 됐지요. 그림에 뛰어난 재능을 보이는 단지는 예술 고등학교에 입학해 미술을 전공하겠다는 꿈을 품고 있었지만, 이제는 그저 그림의 떡일 뿐입니다. 결혼하지 않았다는 점을 빼면 주연과 단지의 삶은 달라도 너무 다릅니다.

　하지만 단지와 주연, 두 사람에게는 공통점이 있습니다. 바로 남성우월주의와 가부장제가 굳건한 사회에서 소외된 인물이라는 점입니다. 영화는 겉보기에는 전혀 다르지만 실상은 엇비슷한 두 여성의 삶을 비추며, 혈통을 중시하고 남성 위주의 논리로 돌아가는 사회에서 배제된 여성의 아픔과 상처를 이야기합니다.

　여전히 아름답고 활기 넘치는 주연은 나이가 많다는 이유로 점차 연예계에서 퇴물 취급을 받기 시작합니다. 영화 속에는 드라마 〈신사임당〉의 제작을 앞둔 한 연출가가 주연을 한물갔다는 식으로 표현하며 그에게 조연급에 해당하는 주모를 연기해야 한다고 말하는 장면이 등장합니다. 실제로 이는 영화 밖 현실과도 맞닿아 있습니다. 여성 배우들은 나이가 들수록 비중 있는 배역을 따내기 불리해집니다. 서른이 넘으면 주연 자리를 위협받고, 서른 중반을 넘어가면 주인공의 이모나 고모, 외숙모 등 영화나 드라마 속 주변 인물로 밀려나지요. 이에 반해 남성 배우들은 시간이 흘러도 주인공으로 왕성한 활동을 하는 경우가 꽤 많습니다. 상대적으로 활동 반경이 넓은 남성 배우에 비해, 여성 배우의 입지는 위태롭기 그지없는 것이 현실입니다.

단지가 여성으로서 받는 불이익은 주연보다 더 명확하게 드러납니다. 단지가 어떤 과정으로 임신을 하게 됐는지 상세하게 나오지는 않지만, 정황상 같은 학교에 다니는 동갑내기 남자아이와 어쩌다 보니 잠자리를 함께하고 임신까지 한 상태임을 짐작할 수 있습니다. 골프 선수인 남학생은 엄마의 반지를 훔쳐다 임신중절수술비에 보태라고 합니다. 단지는 아이를 낳고 싶은 마음도 있으나 출산 뒤 닥쳐올 힘겨운 삶을 생각하며 지우기로 마음먹습니다. 하지만 당장 돈도 없고 자신을 돌봐 줄 보호자도 마땅치 않지요.

아무런 제약 없이 국가 대표 골프 선수로서 국제 무대를 향해 나아가는 남학생과, 꿈이 좌절되는 상황을 그저 지켜볼 수밖에 없는 단지. 이처럼 이들의 상황은 서로 극명한 대조를 이룹니다. 남학생은 상황을 회피하는 듯한 태도로 임신의 책임을 단지에게 떠넘기는 모양새입니다. 반면에 단지의 배는 시간이 갈수록 점점 불러 와 더 이상 숨길 수 없는 상황에 이르고, 사람들은 따가운 시선으로 단지를 바라봅니다. 어린 나이에 결혼도 하지 않고 임신한 몹쓸 아이라는 것이지요.

남학생 역시 단지와 같은 미성년자인 데다가 분명 임신에 책임이 있는 당사자임에도 그는 상대적으로 사회의 시선으로부터 자유롭습니다. 배 속에 아이가 없고 배가 불러 오지 않는다는 신체적인 이유에 더해, 순결은 여자가 지켜야 한다는 뿌리 깊은 통념의 덕을 보고 있는 것이지요. 여기서 다시 한 번 영화가 우리에게 던지는 질문에 대해 생각해 봅시다. 임신의 책임은 미혼 남성과 미혼 여성 모두에게 있는데, 왜 여성에게만 비난이 집중되는 것일까요? 여성 혼자서 임신을 하는 것은 불가능한 일이기에, 임신에 따른 책임도 남녀가 동등하게 짊어지는 것이 마땅한데 말입니다.

이래저래 힘겨운 단지에게 손을 내미는 사람은 아무도 없습니다. 남학생은 모든 책임을 단지에게 떠넘기려는 태도를 보일 뿐이지요. 한편 아이를 키우고 싶어 했던 주연은 병원에 갔다가 우연히 중학생 단지를 만나 그녀의 임신 사실을 알고 거래를 제안합니다. 얼마 전 남자친구의 배신으로 충격받은 주연은 자신을 배신하지 않을 '진짜 내 편'이 되어 줄 사람을 찾다가, 아이를 낳는 것이 그 답이라고 생각했던 터였습니다. 그런데 마침 중학생 단지가 인공유산을 하러 병원을 찾았다는 것을 알고서 단지의 아기를 입양해야겠다고 마음먹은 것이죠. 그렇게 우여곡절 끝에 단지와 주연은 계약을 맺고 한집에서 살게 됩니다.

무엇이 미혼모 가슴에 주홍 글씨를 새기는가

미혼모를 향한 우리나라 사람들의 비판적인 시선은 부계 혈통을 중시하는 문화에서 비롯됐습니다. 부계 사회에서 혈통은 남자를 통해 이어집니다. 그리고 이렇게 아들을 통해 계승되는 혈통에는 일종의 사회적 인증이 필요합니다. 결혼을 통해 맺어진 남녀 사이에서 나온 아들이 적통이라는 것이지요. 결혼도 하지 않은 여자가 임신해 출산을 하고 아이를 기른다는 것은 사회 통념에서 벗어나는 행위로 받아들여져 왔습니다.

따라서 단지처럼 미혼인 중학생이 아이를 임신하고 낳으면 사회로부터 인정받기 어렵습니다. 어린 엄마와 아이는 사회가 만들어 놓은 틀, 즉 결혼이라는 법적인 절차를 거치지 않았다는 이유로 부정되는 것이지요. 한편 우리나라가 유교적 전통이 강한 국가라는 사실은 이들의 앞날을 가로막습니다. 남의 피가 섞인 아이를 둔 여자와 가정을 이룰 수 없다는 사고는 한국 남자들과 그 부모들의 머릿속에 뿌리 깊게 박혀 있습니다. 아이를 키우는 일 자체도 힘들지만 사회적으로 인정받지 못한다는 점이 미혼모와 그 자녀들을 더욱 힘들게 합니다. 미혼모는 법적으로 아버지가 없는 아이를 키우면서 여러 불이익을 당하고, 다른 남자와 결혼조차 하기 힘든 게 현실입니다.

단지도 이러한 현실을 잘 알고 있습니다. 그러나 아이를 지우고 싶은 마음도 없고 그렇다고 해서 임신중절수술을 받을 돈도 충분치 않기에, 결국 주연의 입양 제안을 어렵게 받아들입니다. 단지가 낳을 아이를 자신의 아이로 들여 키운다는 조건으로 계약이 성사되자, 주연은 임신한 척 행세하기 시작합니다. 사람들의 시선을 피해 숨으려 했던 단지와 달리, 주연은 공개적으로 임신 사실을 당당하게 밝힙니다. 아이의 아빠를 밝힐 수는 없지만 혼자 아이를 낳아서 잘 키워 보겠다고 말이지요.

처음에는 단지처럼 손가락질을 받을 줄 알았는데 오히려 사람들은 주연에게 환호를 보냅니다. 미혼모를 향한 사회적 편견에 굴하지 않고 홀로 아이를 키우겠다는 주연의 선택을 멋있고 당차게 본 것입니다. 주연은 드라마의 주인공 자리를 다시 꿰차고, 물밀듯이 쏟아지는 광고 제안을 받는 등 제2의 전성기를 누리게 됩니다. 임신 사실을 누가 알게 될까 전전긍긍했던 단지와는 완전히 다른 상황이 펼쳐지지요.

물론 주연은 단지와 달리 성인이기에 주위에서 쏟아지는 비난으로부터 좀 더 자유로울 수 있습니다. 게다가 유명 연예인으로서 기존의 통념을 깨는 행동이 선구자적인 면모로 비춰질 수도 있습니다. 하지만 과거에는 제아무리 스타라 해도 쉽게 엄두 내기 어려운 일이었습니다. 비록 판타지 같은 설정이라 해도, 이런 이야기를 스크린에 담을 수 있다는 것은 우리 사회에서 미혼모를 바라보는 시선이 이전에 비해 긍정적으로 바뀌었다는 점을 시사합니다.

영화에서 주연이 임신 사실을 들이밀며 자신을 배신했던 남자 친구를 공격하는 장면도 꽤 의미심장합니다. 그녀는 대대적인 '임신 스캔들'을 일으켜, 바람피운 옛 남자 친구를 파렴치한으로 만들어 버립니다. 옛 여자 친구가 임신을 했는데도 별다른 입장을 밝히지 않는 무책임한 남자라고 말입니다. 거짓 임신 사실을 이용한 주연의 복수는 지나친 면이 있지만, 임신을 자기 잘못으로만 여기는 단지에게 용기와 깨달음을 줍니다. 그건 너만의 잘못이 아니고, 혼자 감당해야 할 문제가 아니라고요. 영화 〈굿바이 싱글〉은 서로 다른 듯하면서도 비슷한 주연과 단지, 두 여성이 펼쳐 나가는 이야기를 통해 가볍지만은 않은 메시지를 유쾌한 방식으로 던지고 있습니다.

#7

바람 잘 날 없는
가족
이야기

아버지와 아들의 비극적인 가족사

사도, 2014

감독_이준익

출연_송강호(영조 역) / 유아인(사도세자 역)

문근영(혜경궁 홍씨 역)

왕권에 집착한 군주, 영조

영국 엘리자베스 2세^{Elizabeth II} 여왕은 2015년 9월 눈에 띄는 기록을 세웠습니다. 재위 기간이 63년 7개월에 달해, 고조 할머니인 빅토리아^{Victoria} 여왕의 역대 최장 재위 기록을 깨고 영국 역사상 최장 기간 통치한 군주로 등극한 것입니다. 그의 통치 기간 동안 영국의 역사는 격변의 연속이었습니다. 양대 정당인 노동당과 보수당이 번갈아 가며 집권을 했고, 정권 교체에 따라 노동당이 추진한 국유화와 이를 하나씩 되돌려 놓는 보수당의 조치가 급격하게 이루어졌습니다. 1997년에는 '제3의 길'을 내세운 새로운 노동당이 집권하고, 그 뒤 2010년에는 보수당이 재집권에 성공했지요. 엘리자베스 2세 여왕은 이런 역사의 부침 속에서 상징적 존재로서의 역할만 했을 뿐 국사(國事)를 결정하지는 않았습니다. '왕은 군림하되 통치하지 않는다'는 입헌군주제의 원칙을 지켜 온 것이지요.

통치하지 않는 왕이라고 하지만, 영국에서 여왕의 권위를 무시할 수는 없습니다. 2014년 스코틀랜드 주민들이 영국 연방으로부터의 독립 여부를 놓고 투표할 때, 2016년 브렉시트에 관한 국민투표가 있을 때 등 영국이 정치적 기로에 설 때마다 영국 국민과 언론은 여왕이 어떤 입장을 밝힐지 주목했습니다. 여왕이 국정에 직접 개입하지는 않지만 국정에 입김을 행사하는 위치에 있기 때문입니다.

영국 왕실은 오랜 세월 지켜 온 왕가의 전통을 통해 자신들만의 권위를 지켜 나가고 있습니다. 엘리자베스 2세는 제2차 세계대전 당시 공주 신분으로 군대에 복무하기도 했고, 찰스 왕세자와 윌리엄 왕세손 역시 국방의 의무를 다하며 국민들에게 솔선수범하는 면모를 보여 주었습니다. 21세기에도 군주제의 오랜 전통을 이어 가려는 영국 왕실의 고투가 엿보이는 부분이지요.

영화 〈사도〉 속 영조의 지위는 '군림하되 통치하지 않는' 현재 영국의 군주와 닮았습니다. 영화 속에서 영조는 아들 사도세자를 꾸짖으며 이런 말을 합니다. "왕은 결정을 하지 않는다. 신하들이 결정한 것을 윤허하고 책임을 묻는 게 왕의 역할이다." 현재 영국의 군주보다 권한은 많았으나, 절대적인 권력을 발휘하지는 못했던 그 당시 왕권의 현실이 드러나는 대사입니다. 조선 후기는 노론, 소론 등으로 나뉘어 당파 싸움이 치열했던 시기입니다. 유력한 당파의 지원 없이는 왕이 되기 어려웠고, 왕위를 지키기도 힘든 시절이었지요. 영조는 이 '결정하지 못하는 자리'에서 왕위를 유지하기 위해 갖은 애를 썼습니다.

〈사도〉는 영조가 자신의 아들 사도세자를 뒤주에 가둬 죽인 '임오화변'을 소재로 한 작품입니다. 이를 통해 당대 왕권의 위치를 보여 주고, 나아가 조선왕조 500년이 어떻게 유지됐는지를 짐작해 보게 합니다. 영조는 힘이 약한 왕위를 지키려고 애를 씁니다. 이런 영조의 노력은 사도세자의 죽음에 어떤 영향을 미쳤을까요? 또 조선의 엄격한 유교 질서는 궁중에서 어떤 역할을 했고, 영조(아버지)-사도세자(아들)-정조(손자)로 이어지는 궁중 비극에 어떤 힘을 발휘한 것일까요?

영조에게 핏줄은 어떤 의미였을까

〈사도〉는 영조와 사도세자의 갈등을 아버지와 아들의 관계에 초점을 맞춰 풀어내고 있습니다. 풍파를 이겨 내고 자수성가한 아버지는 보통 아들에게 큰 기대를 갖기 마련입니다. 아들이 한눈팔지 않고 학업에 열중하거나 가업을 잘 이어받아 가문을 빛내 주길 바라지요. 하지만 아들은 그 기대에 못 미치는 경우가 많습니다. 부자 지간의 갈등을 다룬 이야기는 보통 이와 같은 흐름으로 전개되는데요. 이런 관점에서 보면 아버지의 기대와 다른 삶을 살고 싶어 하는 사도세자의 행동이 쉽게 이해될 것입니다. 대부분의 아버지들은 아들이 택한 인생의 길을 체념 끝에 받아들이거나 이를 응원해 줍니다. 하지만 영조는 사도세자의 반항과 방황을 받아들이지 못합니다. 바로 왕조를 책임지는 왕과 세자 사이였기 때문입니다.

영조는 원래 왕이 되기 힘들었던 인물입니다. 아버지 숙종과 후궁인 숙빈 최씨 사이에 태어나 출신 성분부터 미천했습니다. 일찌감치 왕위 계승 위치에서 벗어나 있었던 그는 노론과 소론이 첨예하게 대립하고 있던 당대의 정치 역학을 통해 운 좋게 왕의 자리에 오릅니다. 소론의 후원을 받았던 형 경종이 갑자기 죽자, 영조는 노론의 지원으로 왕이 될 수 있었습니다.

어렵게 왕이 돼 신하들의 눈치를 봐야 했던 영조는 왕권을 안정적으로 유지하고 싶었고, 이 때문에 세자에 대한 과도한 기대를 키우게 됐습니다. 세자가 신하를 압도할 수 있는 실력을 키워 왕위를 이어받길 원했던 것이지요. 하지만 세자가 자신의 기대를 벗어나자 왕으로서의 냉정한 모습을 드러내기 시작합니다. 혈육의 정보다 조선 태조 때부터 이어진 종사●를 지켜야 한다는 의무감 때문입니다.

●　　종묘와 사직이라는 뜻으로, '나라'를 이르는 말.

또 자신이 왕위에서 물러나면 신변이 위태로워질 수 있다는 위기감도 있었습니다.

영조는 왕으로서 비정해질 수밖에 없는 자신의 입장을 세자에게 밝힙니다. 그는 조선 왕들의 위패를 모신 종묘를 찾아 세자에게 경고성 발언을 합니다. "사가(私家)에서는 자식을 자애로 키우지만 왕가에서는 자식을 원수처럼 기른다."라고요. 부모와 자식 사이에도 왕위를 놓고 권력 다툼을 펼칠 수 있으니, 혈육은 큰 의미가 없다는 것이지요. 영조는 피비린내 나는 싸움을 통해 조선왕조가 성립됐고 이어져 왔으며, 이런 냉혹한 권력의 속성은 변하지 않을 것이라고 확신합니다.

영조와 정치적으로, 때로는 사적으로 마찰을 빚은 세자는 어느덧 영조의 눈 밖에 납니다. 세자를 그대로 놔두면 안 될 것이라고 판단한 영조는 냉정하게 아들을 폐위시키기로 마음먹습니다. 그는 세자를 가르친 학자들로 하여금 폐위를 간청하는 상소를 올릴 것을 종용합니다. 또 세자가 비행을 일삼는다고 노론이 조직적으로 모함했을 때도, 세자의 해명을 귀담아 들으려 하지 않습니다. 노련한 정치인 영조는 세자를 궁지로 몰아, 세자를 폐위시키려고 하지요.

영조가 세자의 폐위를 강행할 수 있었던 것은 대안을 발견했기 때문이기도 합니다. 그는 훗날 정조가 될 세손이 총명하고, 아버지와는 다른 반듯한 성품을 지녔다고 판단합니다. 왕위를 계승할 유력한 대안이 있다고 생각했기에, 영조가 사도세자를 뒤주에 가둬 죽이는 정치적 강수를 둘 수 있었던 것이지요. 자신의 핏줄마저도 왕위를 지키기 위한 수단으로만 여기는 영조의 냉혹한 모습이 드러나는 대목입니다.

잔혹한 가족 살해, 무엇이 원인인가

왕권에 집착하는 영조의 모습은 유교 질서를 중심으로 한 조선 사회의 작동 원리를 보여 줍니다. 영조는 대를 이어 왕정을 지속시켜야 한다는 강박을 가지고 있습니다. "내가 죽으면 나라가 망하지만, 네(세자)가 죽으면 300년 종사가 지켜진다."라고 말하며 자식의 목숨보다 왕가의 존속을 더 의미 있게 생각하지요.

영조는 스스로가 엄격한 신분 질서의 피해자(영화 속에서 영조는 미천한 출신으로 왕이 됐다는 비난과 그로 인한 콤플렉스에 시달리는 장면이 등장합니다)인데도 유교적 신분 사회의 논리를 앞서서 옹호합니다. 세자의 옷매무새를 지적하거나 소설을 '잡서(雜書)'라 지칭하며 예법을 강조하는 모습에서 완고한 유교주의자의 면모를 보이지요. 영조 스스로가 미천한 신분이라는 이유로 한때 왕위 계승에서 배제된 전력이 있기도 했고, 이 때문에 자신의 출신이 언제든 자신의 자리를 위협할 수 있다는 생각을 했던 터였습니다.

갈등의 골은 깊어지고 울분에 찬 세자는 칼을 들고 달려가 아버지 영조를 겨눕니다. 이는 단순한 패륜이 아니라 역모였지만, 영조는 세자에게 역모 죄로 사약을 내리지 않습니다. 세자가 역모의 주도자로 몰릴 경우, 세손마저 '역적의 자식'이라는 낙인이 찍혀 왕위에 오를 수 없다고 판단한 것이지요. 영조는 일종의 편법을 써서 자신의 핏줄인 세손이 왕위를 이어 갈 수 있는 방법을 고민합니다. 자신과 세자의 관계를 국사(國事)가 아닌 집안일로 다루어, 역모와는 무관한 것처럼 보이게 해서 세자를 단죄하지요. 영조는 물보다 진한 피마저도 외면하고 아들을 뒤주에 가둡니다.

영화 속에서 드러나는 왕실 내 구성원들의 수직적인 지위와 예법은 가부장제의 위계질서를 잘 보여 줍니다. 왕실의 최고 어른이자 연장자는 대왕대비(영조의 어머니)이지만, 엄연한 가장은 영조입니다. 영조의 핏줄인 세자는 후궁 영빈을 친어머니로 두고서도, 아버지의 본처인 중전 정성왕후를 공식적인 어머니로 모셔야 합니다. 이는 영조라는 가장을 중심으로 정실(본처)과 소실(첩)이 위치를 달리했음을 보여 줍니다. 또 왕실에서의 지위에 따라 예법도 달랐습니다. 영화 속에서 세자가 환갑을 맞은 친어머니 영빈을 향해 사배(四拜), 즉 네 번의 절을 하도록 가족들에게 독촉하자, 세자비와 세손은 크게 당황합니다. 사배는 왕과 왕비에게만 올릴 수 있기 때문이지요. 세자가 "내가 가장인데."라며 화를 내자 주변 사람들은 움찔합니다. '내가 가장'이라는 말은 '내가 왕'이라는 말이라 다름없기 때문이었습니다.

화살을 쏘면서 세자가 남긴 말은 의미심장합니다. "허공으로 날아간 화살은 얼마나 떳떳하더냐." 왕가를 존속시키고 왕위를 유지

해야 한다는 목표를 거부하는 삶이 훨씬 더 자기답다는 의미가 담겨 있습니다. 후계자였던 세자는 집권자인 아버지의 뜻을 거부했고, 결국 뒤주 속 죽음이라는 운명을 받아들이게 됩니다. 자신만의 방식으로, 아버지가 생각하는 유교 사회와 가부장제의 완고한 질서에 반기를 들었던 사도세자의 삶은 그렇게 비극으로 끝납니다.

영조와 사도세자의 이야기는 조선왕조 500년 역사에서 최대의 비극으로 꼽히는 사건입니다. 이들 부자의 갈등은 왜 그토록 비극적으로 끝났을까요? "내가 바라는 것은 아버지의 따뜻한 눈길 한 번, 다정한 말 한마디였소." 뒤주에 갇혀 죽어 가던 사도세자가 영조에게 남긴 마지막 말입니다. 사도세자는 세자이기 이전에 아들이고 싶은 사람이었습니다. 하지만 영조는 완벽한 왕이 되고자 애쓰면서, 자식 또한 학문과 예법에서 완벽한 왕으로 성장하기를 바랐지요. 영조의 강압적 요구에 자꾸 움츠러든 사도세자는 엇나가기 시작했고, 아버지에 의한 아들 살해라는 참혹한 비극을 낳았습니다.

이 사건은 지금으로부터 몇백 년 전 왕실에서 일어난 일이지만, 오늘날 부모 자식 관계에도 시사하는 바가 큽니다. "자식이 잘해야 아비가 산다"며 아들을 몰아붙이는 아버지 영조는 자신의 욕망을 자녀에게 지나치게 투영하는 수많은 부모들과 다를 바 없어 보이기도 하니까요. 만약 영조와 사도세자가 극단적인 상황으로 치닫기 전에 마음을 터놓고 소통했다면 어떻게 됐을까요? 영화 〈사도〉가 품고 있는 질문입니다.

핏줄이 아니어도
괜찮을까

어느 가족, 2018

감독_고레에다 히로카즈
출연_릴리 프랭키(오사무 시바타 역) / 안도 사쿠라(노부요 시바타 역)
마츠오카 마유(아키 시바타 역) / 키키 키린(하츠에 시바타 역)
죠 카이리(쇼타 시바타 역)

가족이란 무엇인가

2018년 7월, 러시아 모스크바에서 끔찍한 살인 사건이 벌어졌습니다. 러시아 마피아 두목으로 알려진 오십 대 남자가 자신의 세 딸에게 살해당한 것입니다. 보도에 따르면 아버지가 먼저 딸들을 흉기로 위협했고, 이에 그가 갖고 있던 흉기를 빼앗은 딸들이 아버지를 공격한 것으로 전해졌습니다. 언론에서는 이들 자매가 어린 시절부터 아버지에게 끔찍한 신체적·정신적 폭력을 당해 왔다고 보도했습니다. 부모의 지속적인 학대와 이에 대한 자녀의 보복. 흔히 일어나는 일은 아니지만 '가족은 과연 무엇인가'라는 생각을 새삼 하게 만든 사건이었죠.

즐거움이 가득하고 화목해야 할 가족 사이에서도 불미스러운 일이 벌어지곤 합니다. 가족은 응당 사랑으로 서로를 감싸고, 폭력을 멀리하며, 험한 세상 속에서 서로에게 쉼터가 되어 줘야 하지만 현실이 항상 그렇지만은 않습니다. 부모가 자식을 학대하거나 자식이 부모에게 몹쓸 행동을 하는 경우도 적지 않죠. 국내 형법은 자식이 부모에게 폭력을 행사해 상대를 다치게 하면 가해자에게 '존속상해'라는 이름으로 가중처벌을 합니다. 가족이 아닌 사람에게 폭력을 휘두르는 것보다 더 죄질이 나쁘다는 이유에서입니다. 폭력은 그 자체만으로 나쁜 것인데, 특히나 가족을 향한 폭력의 경우 문제가 더 심각하다는 의미입니다. 가족을 중시하는 우리 사회의 인식이 반영된 것이라고 할 수 있죠.

가족 구성원들이 서로를 사랑으로 품어야 한다는 관념은 냉혹한 현실 앞에서 종종 흔들립니다. 아무리 가족이라 해도 돈 앞에서 무너지는 경우가 곧잘 생깁니다. 재벌 2세 형제자매들이 부모가 남긴 막대한 유산을 두고 법정 다툼을 벌이는 모습은 우리 사회에서 흔한 풍경이 됐습니다. 흔히 피는 물보다 진하다고 하는데, 돈이 피보다 진하다는 말이 우스갯소리로 나오기도 하지요. 돈을 두고 법정 다툼을 벌이는 건 그나마 약과입니다. 금전 문제로 인한 가족 간 폭행이나 살인 사건 소식도 심심찮게 들려와 우리의 귀를 의심하게 만들기도 하거든요.

혈연으로 맺어진 가족이 서로에게 비도덕적 행위를 했을 때 '천륜(天倫)을 어겼다'는 표현을 쓰곤 합니다. '천륜'이라는 단어에는 피를 나눈 혈육은 하늘이 정해 준 관계라는 의미가 들어 있습니다. 부모 형제 등 혈육과의 관계는 인간의 힘으로는 떼어 낼 수 없는 절대적인 인연이라는 말이지요. 하지만 영화 〈어느 가족〉은 여기에 이의를 제기합니다. 혈연으로 맺어진 가족이 피가 한 방울도 섞이지 않은 사람들의 공동체보다 더 못할 수 있다고 말입니다.

정말 피는 물보다 진한가

일본 영화 〈어느 가족〉에 등장하는 가족은 상당히 수상합니다. 부자(父子) 관계로 보이는 두 남자 쇼타와 오사무는 호흡이 잘 맞는 좀도둑입니다. 눈짓으로 신호를 주고받고, 도둑질에 성공한 후 거리에서 고로케를 사 먹는 친밀한 모습이 영락없는 아들과 아버지 사이처럼 보이죠. 두 사람은 함께 집에 돌아와 쇼타의 엄마이자 오사무의 아내로 추정되는 노부요가 차려 준 저녁을 맛있게 먹습니다. 쇼타의 이모뻘로 보이는 아키와 할머니로 보이는 하츠에까지 한자리에 모이니 틀림없는 가족 같습니다.

하지만 어딘가 의심스러운 면이 있습니다. 오사무는 쇼타에게 아버지라고 한 번만 불러 줄 수 없겠냐고 묻고, 쇼타는 머뭇거리다 아직은 아니라고 말합니다. 언뜻 보기에 자매 사이인 것 같은 아키와 노부요는 날카로운 말로 서로를 공격합니다. 하지만 갈등 없는 가족은 없으니 그들에게 말 못할 사정이 있으리라 짐작할 뿐입니다.

그러던 어느 날, 쇼타와 오사무는 집 근처 아파트 베란다에서 혼자 울고 있는 어린 소녀 유리를 발견합니다. 그들은 밥이라도 한 끼 먹일 요량으로 아이를 집에 데려오죠. 하츠에와 노부요는 아이의 몸에 상처가 난 것을 발견하고 깜짝 놀랍니다. 그들은 유리가 부모에게 성가신 존재로 취급받으며 종종 학대를 당했다는 사실을 알고 아예 데리고 살 생각을 합니다.

큰 욕심을 부리지 않고 함께 아웅다웅 살아가는 이들의 모습은 겉으로 보기에 보통 가족과 다를 바 없는 것 같지만, 갈수록 이상한 점이 하나둘씩 눈에 띕니다. 오사무는 아무런 죄의식 없이 쇼타에게 도둑질을 시킵니다. 학교는 집에서 공부할 수 없는 애들이 가는 곳이라고 말하며 아이를 교육하는 데도 무관심하죠. 오사무에게 도둑질을 배운 쇼타는 자연스럽게 유리에게도 도둑질을 가르칩니다. 마트에 있는 물건들은 아직 주인이 생기지 않은 것들이니 훔쳐도 되며, 훔친 물건이 그리 많지 않으니 마트 주인에게도 피해가 가지 않는다는 말을 하면서 말입니다.

그뿐이 아닙니다. 오사무와 노부요의 대화도 수상합니다. 하츠에의 연금 액수가 얼마인지, 그 돈으로 얼마나 먹고살 수 있을지에 대해 이야기를 나눕니다. 하츠에를 위하는 마음으로 그녀와 함께 사는 게 아니라 돈을 바라보고 한 지붕 아래 지내는 것처럼 보이죠. 다정한 할머니와 손녀 사이처럼 보이는 하츠에와 아키의 관계도 묘하기만 합니다. 아키는 신종 윤락 업소에서 일을 하는데, 하츠에는 이를 말리기는커녕 일은 할 만한지, 주로 어떤 손님이 찾아오는지 묻습니다. 아키도 별 거리낌 없이 자신의 일을 하츠에에게 털어놓습니다.

영화가 중반부에 다다르기 전 관객들은 어느 정도 눈치를 챕니다. 이들이 피로 맺어진 가족이 아니며, 서로 이해관계가 맞아떨어져 가족인 양 살고 있는 집단이라는 것을요. 그들의 대화에서 사정을 유추했을 때 늙은 나이에 혼자 사는 하츠에가 외로움을 달래기 위해 오사무와 노부요 커플을 집에 들이고, 이후 하츠에가 거리를 떠돌던 아키를 데려오고, 오사무가 부모로부터 버려진 아이 쇼타를 키우게 되면서 이 '별난 가족'이 형성된 것으로 보입니다. 주택과 연금이 있어 경제적으로는 별 문제가 없는 하츠에는 고독을 해소할 방법을 찾았을 테고, 가진 것도 없고 범죄까지 저지른 이력이 있는 오사무와 노부요는 안정적인 거처와 돈을 원했을 터입니다. '거리의 아이'인 아키와 쇼타에게도 이 공동체가 나쁘지 않은 선택이었을 거고요.

각자의 이익을 충족하기 위해 형성된 이 집단은 전통적인 의미의 가족과 한참 거리가 멉니다. 전통적인 의미의 가족은 누군가의 선택에 의해 이뤄지지 않습니다. 부모가 아이를 낳아서 기르고, 그

아이가 결혼을 해서 또 다른 아이를 낳는 연속적인 행위를 통해 만들어지죠. 태어나면서부터 주어진 관계이기에 자기 뜻대로 관계를 끊을 수 없습니다(이것이 바로 천륜의 의미입니다). 반면에 〈어느 가족〉속 등장인물들은 자신들의 선택에 따라 언제든지 '가족'을 떠날 수 있습니다. 영화는 일반적인 의미의 가족과 정반대인 한 집단의 모습을 통해 가족의 의미가 무엇인지를 묻습니다.

가족은 중요하다, 그러나…

서로의 이해관계를 바탕으로 뜻하지 않게 '유사 가족'을 이루게 된 이들은 가족처럼 서로 많은 부분을 의지하며 살아갑니다. 고된 일에 지친 아키는 하츠에게 기대어 하루의 피로를 풉니다. 하츠에는 그런 아키로부터 정신적인 위안을 받습니다. 오사무는 쇼타에게서 혈육의 정을 느낍니다. 노부요도 마찬가지입니다. 새롭게 무리에 합류한 유리를 돌보며 모성애를 자각하죠.

노부요는 유리가 폭력적인 부모의 손아귀에서 완전히 벗어날 수 있도록 여러모로 도우려 합니다. 여느 엄마처럼 유리의 머리칼을 예쁘게 단장해 주고 새 옷을 마련해 주며 기쁨을 느끼죠. 새 옷이 생길 때마다 친엄마에게 맞았던 유리를 꼭 껴안으며 노부요는 이렇게 말합니다. "'사랑하니까 때린다'라는 건 거짓말이야. 좋아한다면, 사랑한다면 (껴안으며) 이렇게 하는 거야." 학대만 일삼는 부모 아래에서 자란 유리는 새롭게 만난 구성원들 사이에서 진정으로 행복을 느낍니다. 이유는 간단합니다. 혈육보다 더 혈육다운 공동체 속에서 아빠·엄마·할머니·언니·오빠가 정말로 생긴 것처럼 든든하기 때문입니다.

그렇다면 영화 속에 비친 전통적인 가족의 모습은 어떨까요? 하츠에는 젊은 시절 남편의 외도로 혼자 사는 신세가 됐습니다. 난봉꾼이었을 남편은 위자료 명목으로 연금을 남겼지만 하츠에는 홀로 살기가 두렵습니다. 아키의 가족도 크게 다르지 않습니다. 사실 아키는 가출해 윤락 업소에서 일하고 있는데도, 그의 부모는 체면을 차리기 위해 딸이 해외에서 유학 생활을 하고 있다고 사람들에게 둘러댑니다. 쇼타와 유리의 부모도 자신의 아이를 양육할 생각이 없는 사람들로 묘사되죠. 이들은 모두 피가 섞인 가족이라고는 하지만, 서로의 고민과 고통을 나 몰라라 하는 모습은 남보다도 못해 보입니다.

가족을 흔히 '사회의 최소 단위'라고 합니다. 남녀가 결혼을 한 뒤 아이를 낳아 양육하는 과정을 '1차적 사회화 과정'이라고도 하고요. 개인과 사회를 이어 주는 최초의 통로 역할을 하는 것이 바로 가족인 것입니다. 전통적인 관점에서 가족에 대한 정의는 남녀의 결혼에서 출발합니다. 결혼이라는 테두리 바깥에서 가정을 구성하는 이들은 부도덕하다고 여기며 '비정상'으로 몰아세우지요. 핏줄 없이 뭉친 영화 속 여섯 가족 역시 세상의 따가운 시선을 받아야 했습니다. 쇼타가 도둑질하고 달아나다 붙잡히면서 이 가족의 모든 것이 틀통나게 되거든요.

결국 이 여섯 가족은 뿔뿔이 흩어지며 파국을 맞이하고, 노부요는 모든 죄를 뒤집어쓰고 감옥에 가게 됩니다. 경찰에 잡혀간 노부요는 유괴범으로 몰려 취조를 당합니다. 경찰의 눈에 노부요는 부모가 아니라, 아이들을 감금한 납치범일 뿐이었기 때문입니다. 경찰의 차가운 시선에 노부요는 이렇게 말하며 하염없이 눈물을 흘립니다. "누군가 버린 걸 주운 거예요. 버린 사람은 따로 있지 않나요?" 그는 낳으면 다 엄마가 되는 것이냐고 항변하며, 핏줄로 모든 걸 무마하는 통념이 바람직한 것인지 묻습니다. 핏줄이라는 운명에 묶여 한 지붕 아래 살던 이들이 어느 순간 서로의 족쇄가 되기도 하는데, 꼭 핏줄이어야만 행복한 것이냐고요.

〈어느 가족〉은 우연히 시작된 인연이지만, 결국 그 어떤 가족들보다 서로를 뜨겁게 보듬으며 살아간 여섯 사람을 보여 줍니다. 이들은 입을 모아 행복했다 하지만, 그럴 리 없다고 하는 사회를 향해 이런 질문을 던집니다. 피 한 방울 섞이지 않았어도, 피로 이어진 가족보다 더 행복할 수 있는 것 아니냐고 말입니다.

아버지,
두 딸을 링 위에 올리다

당갈, 2016

감독_니테쉬 티와리

출연_아미르 칸(마하비르 싱 포갓 역) / 파티마 사나 셰이크(기타 역)

산야 말호트라(바비타 역)

자녀의 진로 찾기, 부모의 역할은?

'맨발의 투혼' 박세리 전(前) 선수는 우리나라 골프 역사에 불멸의 업적을 남겼습니다. 박 선수는 21세의 나이로 1998년 미국여자프로골프(LPGA) 대회에서 한국인 최초로 우승을 차지하며 세계적인 선수로 널리 이름을 알렸습니다. 1998년은 우리나라가 경제 위기로 국제통화기금(IMF)으로부터 구제금융을 받으면서 국민 대다수가 실의에 빠져 있던 시기였어요. 그런 시절에 박 선수가 어린 나이임에도 어려움을 극복하고 세계 정상급 대회에서 잇달아 우승하자 국민들은 많은 위안과 용기를 얻었습니다. 박 선수 이름 앞에 붙는 '맨발의 투혼'이라는 수식어는 1998년 US오픈 연장전 때의 극적인 경기 장면에서 비롯됐습니다. 당시 연못 경사지의 잡초 속에 묻힌 공을 물속 맨발 샷으로 살려 내 결국 우승을 거머쥐게 된 박 선수의 통쾌한 경기는 전 국민의 가슴을 뜨겁게 했지요.

박 선수가 선전을 펼치면서 박 선수의 골프 입문 과정도 사람들의 눈길을 끌었습니다. 골프 애호가였던 박 선수의 아버지는 딸의 재능을 알아보고 딸이 초등학교 6학년일 때부터 골프를 배우도록 했다고 합니다. 그 결과 박 선수는 골프에 입문한 지 3년 만에 성인들을 제치고 한국프로여자골프(KLPGA) 대회에서 우승했습니다. 자식의 뛰어난 운동신경을 알아본 아버지 덕분에 박 선수는 일찌감치 골프 천재로서 두각을 나타낼 수 있었습니다. 물론 박 선수의 재능과 노력이 빚어낸 결과이긴 하지만, 아버지가 기여한 공도 무시할 수 없습니다. 한창 친구들과 어울리고 싶어 할 사춘기 소녀가 골프장에서 연습에 매진하기는 쉽지 않을 테니까요. 아버지의 독려와 시간 관리가 있었기에 골프에만 집중할 수 있었을 것입니다.

박 선수의 성공 신화에 자극받은 많은 부모들이 어린 자녀에게 골프를 가르쳤습니다. 그래서 1990년대 후반 골프에 입문해 골프 선수가 된 소녀들이 많았고, 그들 중 일부는 세계적 선수로까지 성장했습니다. 이들은 일명 '박세리 키즈'라 불리고 있는데, 박 선수가 지핀 골프 조기교육 열풍이 얼마나 뜨거웠는지 알 수 있는 대목입니다.

부모가 아이의 재능을 일찍이 알아보고 그 재능이 꽃필 수 있도록 조기교육을 시켜 만족스러운 결과를 얻는다면 더할 나위 없이 좋은 일일 것입니다. 하지만 자식의 의사와는 상관없이 오직 부모의 과도한 욕심으로 아이에게 운동을 강요한다면 그 아이는 불행해질 확률이 높습니다. 비단 운동에만 해당하는 이야기는 아닐 겁니다. 주변을 보면 아이의 장래 희망과 상관없이 자녀가 의사나 판사처럼 사회적으로 선망받는 직업을 갖길 원하는 부모들을 쉽게 찾을 수 있습니다. 그리고 그런 부모들 가운데 자신이 이루지 못한 꿈을 자녀를 통해 실현하려는 이들도 있지요. 이를테면 어린 시절 꿈이 교수였는데, 어려운 집안 사정으로 공부를 할 수 없었던 어떤 사람이 자신의 아이는 반드시 교수가 돼야 한다는 강박에 휩싸이는 식입니다.

여러분 중에도 이와 비슷한 상황을 겪는 친구가 있을 것입니다. '내가 하고 싶은 일은 따로 있는데, 엄마 아빠가 제시한 길을 따르는 게 맞을까?' '내가 그 일을 할만큼 재능이 있는 걸까?' 아마 장래 희망을 결정하기 전, 여러 고민이 꼬리에 꼬리를 물겠지요. 그런데 만약 부모님이 결정한 방향을 따랐다가, 막상 목적지에 도착해 보니 부모님의 의도나 내 기대와 전혀 다른 상황이 펼쳐진다면 어떻게 해야 할까요? 길을 잘못 안내한 부모님의 책임일까요, 아니면 자신의 길을 능동적으로 개척하지 못한 본인의 탓일까요? 쉽게 답할 수 없는 문제입니다.

딸이 따도 금메달은 금메달이다!

〈당갈〉은 두 딸을 인도 최초 여성 레슬링 금메달리스트로 키운 아버지의 실화를 담은 영화입니다. 영화는 자식을 통해 자신의 꿈을 이루려는 아버지, 그리고 그런 아버지 때문에 레슬링에 입문해 갈등을 거듭하는 딸의 사연을 통해 전 세계의 부모와 자식들이 보편적으로 갖고 있을 법한 고민을 그립니다.

전국 대회에서 우승할 정도로 전도유망한 레슬링 선수였던 마하비르는 아버지의 반대에 부딪혀 '국제 대회 메달 획득'이라는 꿈을 포기할 수밖에 없었습니다. 생계가 우선이었던 탓에 직장을 다녀야 했거든요. 그럼에도 레슬링에 대한 관심을 놓지 않던 그는 아들을 낳으면 그를 통해 자신의 꿈을 이룰 수 있다는 희망을 품습니다. 하지만 세상일은 그리 호락호락하지 않습니다. 기대와 달리 딸만 내리 넷을 낳게 돼, 아들을 레슬링 선수로 키우겠다는 그의 꿈은 좌절되고 말거든요. 실의에 빠져 있던 마하비르는 어느 날 첫째 딸 기타와 둘째 딸 바비타가 또래 남자애들을 완력으로 압도하는 모습을 보게 됩니다. 이에 그는 아들이 아니라 해도, 운동신경이 남다른 두 딸이 자신의 오랜 꿈을 이뤄 줄 수 있겠다는 희망을 품습니다.

두 딸에게서 가능성을 발견한 후 마하비르는 거침없이 자신의

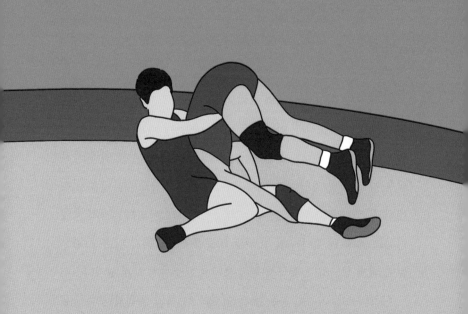

계획을 실행해 나갑니다. 그는 딸들의 의사는 전혀 묻지도 않고 바로 훈련에 들어갑니다. 매일같이 이른 아침부터 조깅을 시키고, 건강식을 먹이지요. 아버지의 속내를 알지 못하는 기타와 바비타는 자신들이 뭔가 잘못해서 벌을 받는 것이라고 생각합니다. 두 딸은 고된 훈련을 피하기 위해 아버지의 알람 시계를 조작하고, 거짓으로 운동한 척하는 등 여러 꼼수를 씁니다. 아버지는 아버지대로 강경한 모습을 보입니다. 딸들이 다른 생각을 갖지 못하도록 두 아이의 머리를 남자처럼 짧게 잘라 버립니다. 그럼에도 두 딸은 마하비르의 계획대로 따라와 주지 못합니다. 자신들이 왜 레슬링을 해야 하는지 동기 부여가 되지 않으니 실력이 늘 수가 없는 것이지요.

그러던 중 기타와 바비타는 비로소 레슬링에 진심으로 몰입하게 되는 계기를 맞습니다. 아버지가 궁극적으로는 자신들을 위해 당신의 삶을 희생하면서까지 레슬링 선수의 꿈을 키워 주고 있다는 사실을 깨닫게 된 것입니다. 여성들의 지위가 상대적으로 낮은 인도에서 두 딸이 자신의 삶을 당당하게 살아가기를 바라는 아버지의 진심을 알게 된 것이지요. 그 뒤로 레슬링에 전념하게 된 두 사람은 눈에 띄게 성장하고, 전국 대회에 출전해 우승까지 하게 됩니다.

마하비르네 가족이 사는 곳은 인도의 한 시골 마을입니다. 남성 우월주의가 뿌리 깊은 인도에서도 특히 성차별이 심할 수밖에 없는 지역이지요. 여성은 집안일을 하며 조신하게 지내야 하는 것이 인도 시골 마을의 상식입니다. 여성의 옷차림, 직업 등에 대한 편견도 당연히 강할 수밖에 없지요. 남녀의 역할과 행동에 대한 구분이 뚜렷한 이 시골에서 여성이 레슬링을 한다는 것은 상상도 못할 일입니다. 레슬링을 시작한 기타와 바비타는 주변의 따가운 시선을 받아야 했습니다. 동네 사람들은 치마 대신 반바지를 입고 조깅하는 두 사람의 모습에 의아해하고, 남자처럼 짧아진 머리를 보고 손가락질하지요. 2000년대 초반인 당시만 해도 인도에서 레슬링은 남성들의 전유물로 여겨졌습니다. 그래서 기타와 바비타 두 자매가 레슬링 시합을 한다고 나서자, 사회 통념에 어긋나는 일이라며 지역 레슬링 관계자들은 난색을 표하지요.

기타와 바비타가 남성의 전유물이라고 여겨진 레슬링에 입문해 선수로 성장할 수 있었던 것은 아버지 마하비르 덕분이었습니다. 물론 자신의 못다 이룬 꿈을 이루기 위해 자식들의 의사와는 무관하게 두 딸을 레슬링의 세계로 끌어들인 것은 어디까지나 부모의 이기적인 욕심이라 볼 수도 있습니다. 그럼에도 딸이 태어나면 요리, 청소 등 집안일만 가르치다가 이른 나이에 결혼시켜 버리는 것이 흔한 인도 시골 마을에서, 기타와 바비타의 목에 금메달을 걸어 주고픈 아버지의 진심은 마냥 이기적인 것으로만 비난할 수 없습니다. "아들이 따도 딸이 따도 금메달은 금메달인데!"라고 반문하는 마하비르의 모습에서는 선구자적인 면모까지 느껴지지요. 그의 추진력과 열정이 없었다면 두 딸은 전국 대회에서 우승하기는커녕 중도에 그만두고 말았을지도 모릅니다.

진정한 성장의 완성은 자식의 몫

첫째 딸 기타는 재능을 발휘해 전국 대회 우승을 휩쓸고, 마침내 국가 대표로 선발돼 선수촌에 들어갑니다. 기타는 전보다 훨씬 좋은 환경에서 체계적으로 운동하며, 실력 있는 동료들과 선의의 경쟁을 펼칠 수 있게 됐습니다. 그러나 기타는 생각지도 못한 혼란에 빠집니다. 대표 팀의 감독이 지금까지 아버지에게 배운 모든 것을 잊고 선수촌의 교육 방식을 따르라고 한 것입니다. 기타는 물론 아버지의 레슬링 실력을 인정하지만, 권위 있는 감독의 말에 왠지 더 신뢰가 갑니다. 그렇게 기타는 좋은 시설에서 명망 있는 지도자의 체계적인 지도를 받지만, 웬일인지 국제 대회에서 부진을 면치 못합니다.

기타가 이렇게 고전하게 된 데는 몇 가지 이유가 있습니다. 선수촌이라는 새로운 세계에 들어간 기타는 또래 선수들과 친해지면서 외모를 꾸미는 데 눈을 뜨고 외출도 즐겼습니다. 자연히 훈련 시간은 전보다 줄었고, 훈련에 제대로 집중하지도 못했지요. 하지만 사실 기타의 부진은 다른 데서 비롯된 것인지도 모릅니다. 기타가 처음 레슬링을 시작하게 된 것은 자신의 선택에 의해서가 아니었습니다. 레슬링에 진심을 다하게 된 계기도 아버지에 대한 고마움과 그에 대한 보답에서였습니다. 그러니 어느 정도 성과를 거두게 되자 자연스럽게 앞으로 더 나아갈 동기가 사라지고, 새로운 환경에 적극적으로 대응할 의지도 약해진 것이지요. 이는 부모의 뜻대로 이뤄진 진로 결정이 낳은 부작용이라 할 수 있습니다.

그럼에도 불구하고 슬럼프에 빠진 기타에게 힘을 주는 건 역시 아버지 마하비르입니다. 그는 철저한 비디오 분석으로 기타의 경기 방식에서 문제점을 발견해 내고, 자신이 직접 마련한 장소에서 특별훈련을 실시합니다. 아버지의 지도하에 기타는 예전의 실력을 되찾고 국제 대회에 나가 승승장구합니다. 마하비르는 기타가 경기를 치를 때마다 관람석에서 소리 높여 조언하며 그녀에게 힘이 되어 줍니다. 최종 결승전에서 대표 팀 감독의 흉계로 마하비르가 기타를 도울 수 없는 상황이 찾아오지만, 결국 기타는 자신의 힘으로 위기를 극복해 냅니다.

부모는 자식에게 여러 지원을 해 줄 수 있지만, 결국 어떤 일의 완성은 스스로에게 달려 있다고 영화는 말합니다. 자식의 미래는 부모 마음대로 정할 수 없습니다. 그렇다 해도 자식이 인생의 진로를 결정해야 하는 시기에 부모의 영향력은 결코 작지 않습니다. 기타의 성공은 아버지의 뜨거운 열의와 든든한 지원, 앞을 내다보는 눈, 그리고 본인 스스로의 노력, 집념, 마침내 갖게 된 자립심이 조화를 이루며 만들어졌습니다. 비록 시작부터 끝까지 부모와 자녀가 한마음으로 일궈 낸 아주 이상적인 성공 스토리는 아니지만, 영화 〈당갈〉은 진로를 둘러싼 부모 자식 간의 관계에 관해 의미 있는 메시지를 전하고 있습니다.

40년의 침묵을 깬
뜨거운 형제애

램스, 2015

감독_그리머 해커나르손
출연_시구르더 시거르존슨(구미 역)
테오도르 줄리어슨(키디 역)

가족의 의미가 퇴색하는 시대

최근 들어 연예인 가족의 채무를 다룬 뉴스가 종종 화젯거리가
되곤 합니다. 대략 이런 내용들입니다. 한 유명 연예인이 있는데, 그
의 가족 중 한 명이 주변 사람에게 큰 빚을 집니다. 채권자는 연예
인의 지명도를 고려해서 돈을 빌려줬는데, 제대로 돌려받지 못했다
고 폭로합니다. 빚을 진 사람은 가족이지만, 혈육인 해당 연예인도
채무를 변제할 의무가 있다고 주장하면서요.

단순하게 생각하면 가족의 빚이니 연예인에게도 책임이 있을 것 같은데, 정말 그럴까요? 자신이 직접 나서서 빚을 지지 않았거나 채무 보증을 하지 않는 한 법적인 책임을 물릴 수는 없습니다. 적어도 법이라는 테두리 안에서, 단지 가족이라는 이유만으로 누군가에게 무언가를 강요할 수는 없습니다. 연예인들이 채권자들의 억울함과 어려움을 생각하거나 자신의 이미지가 훼손되는 것을 막기 위해 빚을 어느 정도 갚을 수는 있으나, 법과는 무관한 부분이지요. 어떤 연예인은 빚을 진 가족과는 오래전 관계가 끊겼기에 채무와 자신은 아무런 연관성이 없다고 딱 잘라 말하기도 합니다. 수십 년 전이라면 "부모를 제대로 봉양하지 못한다", "형제자매와 우의가 없다"는 비난이 빗발쳤을 텐데, 비난의 강도가 그렇게 강하지 않은 걸 보면 가족에 대한 우리 사회의 인식 변화를 가늠할 수 있습니다.

최근 연예인 가족들의 채무 관련 논란을 보고 있자면, 전근대적인 처벌 제도인 연좌제를 떠올리게 됩니다. 연좌제는 어떤 범죄인과 특정한 관계에 있는 사람이 연대책임을 지는 제도를 말합니다. 가족(가문)이나 어떤 동네, 특정 문파 등에서 범죄자가 나올 경우 해당 공동체 사람들이 함께 처벌을 받는 것입니다. 조선 시대를 배경으로 한 사극에는 '삼족을 멸한다'는 표현이 종종 등장합니다. 주로 역적에게 적용되는 형벌인데, 여기에서 삼족은 친족과 외족, 처족을 의미합니다. 어떤 이가 반역죄를 저지르면 그의 가족들은 모두 죽음을 면치 못한 것이지요. 연좌제는 우리나라뿐 아니라 세계 곳곳에 흔하게 존재했던 제도입니다. 근대 들어 연좌제는 사라졌습니다. 근대 형법은 아예 연좌제를 금지시키고 있습니다.

전통 사회는 가족이라는 공동체 의식이 강하고, 자라는 아이에게 미치는 가풍의 영향도 상당했습니다. 가족 구성원 개인보다 집안 차원에서 사회적인 일을 도모하고 대비하는 경우가 많았습니다. 이렇듯 가족은 운명 공동체이니 한 사람에 대한 단죄만으로는 어떤 범죄가 해결될 수 없다는 인식이 자연스럽게 형성되어, 연좌제가 만들어졌을 법합니다. 근대 들어 연좌제가 폐지된 점도 이런 전통적 가족 개념의 붕괴와 무관하지 않을 것입니다. 산업혁명에 따른 자본주의의 발달은 농경과 목축을 근간으로 한 전통 사회를 해체하고, 집단보다 개인이 중시되는 사회를 만들었습니다. 대가족이 핵가족으로 축소됐고, 핵가족은 이제 1인 가구로 더 쪼그라들었습니다. 이어받아야 할 가업이나 전통이 사라지면서 가족의 개념도 완전히 바뀌고 있습니다. 요컨대 시대의 변화가 가족의 의미까지 뒤바꾸고, 가족의 변화는 관련 제도에까지 영향을 줬습니다.

아이슬란드 영화 〈램스〉는 급변하는 현대사회 속에서 가족이란 무엇인지 묻고 답하려 합니다. 가족 간의 소통 단절, 가족해체 등이 가속화되며 가족의 의미가 퇴색하고 있는 요즘, 가족애를 회복한다는 것이 어떤 의미인지 보여 주지요. 주인공 늙은 형제는 오랜 시간 반목하다가 뜻하지 않은 재난을 통해 가족임을 깨닫게 되는데요. 두 형제가 관계의 단절을 어떻게 극복하는지 보여 주며 모든 인간

관계의 시작이자 근원인 가족의 의미를 새삼 돌아보게 합니다.

양이라는 이름의 전통

이웃에 사는 노년의 두 남자는 서로를 외면합니다. 마을과 동떨어진 계곡에서 둘이 울타리를 맞대고 살고 있는데 서로를 투명 인간 취급합니다. 〈램스〉의 주인공 구미와 키디는 이웃에 살면서도 40년 동안 본체만체하며 대화 한 마디 나누지 않았습니다. 형제지간인 둘의 반목은 우수 양 선발 대회에서 확연히 드러납니다. 동생 구미는 자신이 기른 양으로 2등상을 받고 미소를 짓다가 형 키디의 양이 우승을 차지하자 금세 속이 뒤틀립니다. 형 키디에게 밀렸다는 사실만으로 2등 수상마저 달갑지 않아 하는 것을 보니 둘의 사이는 이만저만 나쁜 게 아닌 듯합니다.

분을 참지 못한 구미는 밖으로 뛰쳐나갔다가 키디의 양에게서 심상치 않은 점을 발견합니다. 심각한 돌림병 '스크래피' 감염 의심 증상이 눈에 띈 것입니다. 구미는 우려 섞인 목소리로 수의사에게 검진을 요청합니다. 하지만 자신이 형 키디의 양을 질투하다가 헛소문을 냈다는 오해를 살까 봐 조심스럽기만 합니다. 그래도 그저 입을 다물고 있을 수는 없습니다. 스크래피에 감염된 양 한 마리만 있어도 주변 마을 모든 양들을 도살 처분해야 한다는 점을 알고 있기 때문이지요. 스크래피는 키디만의 문제가 아닌 구미, 그리고 마을 전체의 문제입니다.

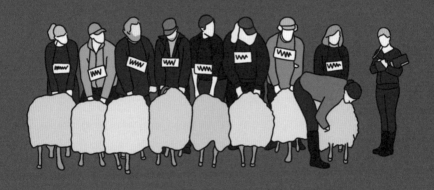

구미가 우려한 것처럼 스크래피 확진 판정이 났고, 마을의 모든 양은 살처분될 위기에 처합니다. 평화롭게 양 목축을 하며 생계를 이어 오던 마을 사람들은 한자리에 모여 회의를 합니다. 그러나 정부 당국의 결정에 따르는 것 외에 마땅한 대안이 없습니다. 양들을 다 도살 처분한 뒤 보상금을 받고 다시 양을 기를 수 있을 때까지 2년 동안 아무 일도 않고 기다리거나, 정든 고향 땅을 떠나 타향에서 새로운 일자리를 알아봐야 하지요. 키디는 양들을 죽일 수 없다며 완강하게 버티다가 결국 당국에 손을 들고, 구미는 자신의 양들을 스스로 도살하게 됩니다. 이후 키디와 구미 사이의 갈등의 골은 더욱 깊어집니다. 오랫동안 남보다도 못하게 지내 왔던 두 사람은 이제 언제든 폭력을 폭발시킬지 모를 위태로운 사이가 됩니다.

아이슬란드는 여름 평균 기온마저 섭씨 10도에 불과한 추운 나라입니다. 화산섬으로 가득한 북구의 작은 섬나라인 이곳에서 양은 유용한 가축입니다. 생활의 근간이자 식량이며 털까지 제공해 주지요. 영화 초반에는 마을 사람 중 한 명이 다음과 같은 내용의 시를 낭송하는 장면이 등장합니다. "얼음과 불밖에 없는 이 나라에서 양들만큼 큰 역할을 한 것은 없습니다. 척박한 환경을 꿋꿋하게 버텨내면서 천년 동안 인류의 구원이자 친구로서 함께 살아왔죠…" 그렇게 의미가 큰 존재인 양을 하루아침에 모두 잃게 된 키디는 구미에게 찾아가 "이제 양도 없이 둘이서만 겨울을 보내게 됐다"며 분통을 터트립니다. 이들에게 양이 얼마나 특별한 존재인지를 알게 하는 대목입니다.

오랫동안 양은 아이슬란드에서 공동체의 구심점 역할을 해 왔습니다. 그런데 전염병으로 인해 마을에서 몇 년 동안 양들이 모두 사라지게 됐으니 공동체는 혼돈에 빠진 것이지요. 마을 사람들은 사태가 진정된 후 외부에서 양을 가져온다 한들, 오래전부터 지역의 혈통을 이어 온 양이 다 없어져 버렸으니 양 사육이 예전과 같은 의미를 갖지 못한다고 생각합니다. 그만큼 양은 마을 사람들의 정신세계에까지도 큰 영향을 끼치는 존재인 것이죠.

양을 당분간 기를 수 없자 몇몇 사람들은 마을을 떠나기로 결심합니다. 수지타산이 안 맞는다는 이유를 대면서요. 전통 사회에서 오랜 시간 이어져 온 가치가 흔들릴 때 공동체는 조금씩 허물어져 갑니다. 구미와 키디에게도 양은 조상 대대로 이어져 온 양치기 가족의 상징과도 같은 존재입니다. 구미의 집 거실에 걸린 양머리 박제는 양이 두 사람 집안에서 어떤 위치를 차지해 왔는지 보여 줍니다. 형제에게 '양'은 또 다른 이름의 전통입니다.

가족을 이어 주는 전통 가치

영화의 배경이 되는 아이슬란드 시골 계곡은 현대사회와 전통 사회가 겹쳐 있습니다. 사람들은 트랙터를 활용해 목장 일을 하고, 집 안에서 전자레인지와 TV 등 현대 문물을 사용하며, 양의 상태를 파악할 때 수의사의 과학적 판단에 따릅니다. 하지만 가족 문제에 관한 한 전통 사회의 인식을 버리지 못하고 있습니다. 영화에서 이유는 자세히 묘사되지 않지만, 구미와 키디의 아버지는 맏아들 키디에게 목장 등 재산을 물려주지 않았습니다. 가부장적 전통 사회의 가치관에 따르면 재산 상속의 1순위였을 큰아들 키디는 큰 상처를 입었을 게 분명합니다. 동생이 이유 없이 밉고, 동생과의 경쟁이라면(특히 양 선발 대회 출전에서) 반드시 이기고 싶었을 것입니다. 구미도 크게 다르지 않습니다. 자신이 형을 제치고 목장을 물려받았으니, 사실상의 맏아들로서 형보다 양을 잘 길러내야 한다는 인식이 있었을 것입니다.

40년 동안 등을 돌렸던 구미와 키디는 양이라는 전통이 몰락할 위기에서 어쩔 수 없이 서로 얼굴을 마주하게 됩니다. 키디는 전염병 확산을 막기 위해 양 우리를 비롯한 목장 시설을 모두 철거하라는 정부 당국의 조치를 거부합니다. 그런데 키디 때문에 구미는 난처한 상황에 처합니다. 키디가 양을 기르는 목초지와 사는 집은 구미 소유로 돼 있기 때문입니다. 정부 관계자는 부동산 소유자인 구미가 키디의 불법적 행위를 방관했다는 이유로 소송을 당할 수 있다고 경고합니다.

구미는 키디가 병원에 있는 사이 키디의 양 우리를 해체합니다. 귀가 후 이 사실은 안 키디는 화가 나 구미의 집을 찾았다가, 구미가 당국 몰래 양 몇 마리를 빼돌려 자신의 집 지하실에서 기르고 있다는 걸 알아채지요. 키디는 구미에게 "몇 마리나 있나. 수컷도 있나.”라고 묻습니다. 수컷은 혈통의 전수를 의미합니다. 조상 때부터 대대로 이어져 온 품종의 양이 몰살되지 않았다는 사실을 알고서 기쁨에 차 던진 질문입니다. 키디는 구미가 양을 몰래 키우는 것을 보고서 동생을 대하는 태도를 조금씩 바꿉니다. 당국에서 요청한 축사 철거를 자진해서 하고, 직접 수십 마리의 양을 죽인 동생이었지만 속마음은 자신과 같았다는 것을 알게 된 것입니다. 구미 역시 정부의 조치에 동의할 수 없었을뿐더러, 삶의 근간인 양을 차마 전부 버릴 수는 없었다는 것을 말입니다.

구미도 양을 통해 형에게 마음을 열게 됩니다. 당국의 방역 관계자들이 구미의 집에 들이닥쳐 규정을 어긴 사실이 발각될 위기에 처하자, 구미는 양들을 형 집으로 빼돌립니다. 이후 두 형제는 적에서 동지 사이로 급변합니다. 키디는 구미가 내민 손을 잡고, 둘은 방역 당국을 피해 양들을 산으로 몰고 갑니다. 양들을 겨울 동안 산에서 지내게 한 뒤 아무런 일이 없으면 봄에 다시 그들을 예전처럼 기를 수 있다는 믿음 때문입니다.

폭설을 뚫고 양들을 산으로 몰고 가던 중 그들은 양들의 행방을 놓쳐 버립니다. 엎친 데 덮친 격으로 양들을 찾으러 간 구미 역시 실종되고, 시간이 한참 흐른 뒤 간신히 키디가 구미를 발견합니다. 바닥에 의식을 잃고 쓰러져 있는 구미를 살리기 위해 키디는 온 힘을 다해 노력합니다. 눈을 파서 굴을 만들고 꽁꽁 언 구미의 몸을 녹이기 위해 맨살로 부둥켜안아 주지요. 그렇게 두 사람은 '양'이라는 공통의 가치로 인해 40년 동안 이어진 갈등의 울타리를 허물게 됩니다.

키디와 구미가 양을 통해 서로에게 다가가고 오해의 장벽을 허물어뜨리는 과정은 묵직한 메시지를 전합니다. '개인'이 그 무엇보다도 중요해진 시대, 파편화된 우리의 모습을 되돌아보고 전통, 공동체의 가치와 그 중요성을 돌아봐야 한다고 말입니다. 아무리 1인 가구가 늘고 가족이 해체되는 세상이라 해도, 인간애를 중심으로 한 돌봄의 공동체는 필요하니까요.

북트리거 일반 도서

북트리거 청소년 도서

질문하는 영화들

〈기생충〉에서 〈어벤져스〉까지 우리가 열광한 영화 깊이 읽기

1판 1쇄 발행일 2019년 9월 20일
1판 6쇄 발행일 2023년 11월 10일

지은이 라제기
펴낸이 권준구 ｜ 펴낸곳 (주)지학사
본부장 황홍규 ｜ 편집장 김지영 ｜ 팀장 양선화 ｜ 편집 김승주 명준성
기획·책임편집 김지영 ｜ 일러스트 내일로미루는그림 이준현 ｜ 디자인 정은경디자인
마케팅 송성만 손정빈 윤술옥 박주현 ｜ 제작 김현정 이진형 강석준 오지형
등록 2017년 2월 9일(제2017-000034호) ｜ 주소 서울시 마포구 신촌로6길 5
전화 02.330.5265 ｜ 팩스 02.3141.4488 ｜ 이메일 booktrigger@naver.com
홈페이지 www.jihak.co.kr ｜ 포스트 post.naver.com/booktrigger
페이스북 www.facebook.com/booktrigger ｜ 인스타그램 @booktrigger

ISBN 979-11-89799-14-4 43680

북트리거

트리거(trigger)는 '방아쇠, 계기, 유인, 자극'을 뜻합니다.
북트리거는 나와 사물, 이웃과 세상을 바라보는 시선에 신선한 자극을 주는 책을 펴냅니다.